FERIENPARK SEEHOF

2020

Besuchen Sie uns im Internet:
www.edition-mitgift.de

Veröffentlicht in der
Agentur für Handel · Vermittlung · Beratung · Verlag
Am Markt 6
18119 Rostock-Warnemünde,
April 2007
Copyright © 2007 by Hannelore Drechsler,
Alle Rechte vorbehalten
Umschlag- und Bildgestaltung,
Entwurf und Layout: © Antje Lenz, AGD
Druck und Bindung: CD-Druckerei, Itzehoe
Printed in Germany
ISBN 3-00-021321-2

HANNELORE DRECHSLER

eene meene micken maaken...

Erinnerungen aus meiner Kindheit
in Schwerin und Rostock

Wie wurde ich, was ich heute bin?

Allzu schnell ist man bereit, unliebsame oder schlimme Begebenheiten aus der Vergangenheit beiseite zu schieben oder nostalgisch glorifiziert in Erinnerungen zu schwelgen.
Gefeit ist wohl niemand davor.
Warum sonst hat der große Goethe seine Lebenserinnerungen mit „Dichtung und Wahrheit" betitelt? Lebenserfahrungen, Wissen und Zeitgeist vermischen sich mit Erinnerungsfetzen, die man nur noch mosaikgleich zusammensetzen kann.
Ein Mosaik läßt man als Ganzes auf sich wirken, ohne die einzelnen Steinchen zu bewerten, aber ihre Auswahl, Bearbeitung und Anordnung bestimmen letztendlich den Wert der künstlerischen Arbeit. Ist es im Leben nicht ähnlich?

Mit meinen Kindheitserinnerungen will ich versuchen, die Frage zu beantworten, wie ich zu dem wurde, was ich heute bin.

Hannelore Drechsler

*In dankbarer Erinnerung
an die Mutter, für meine Familie*

*„Der Mensch mag sich wenden wohin er will,
er mag unternehmen, was es auch sei,
stets wird er auf jenen Weg wieder
zurückkehren, den ihm die Natur einmal
vorgezeichnet hat."*

Johann Wolfgang von Goethe

Vorfahren

Die spärlichen Zeugnisse meiner Ahnen, die nur vorhanden sind, weil in der Nazizeit jede Familie einen Nachweis über ihre arische Abstammung erbringen mußte, sagen aus, daß die männlichen Vorfahren überwiegend auf dem Lande in abhängiger Stellung tätig waren. Sie fristeten ihr Leben als Hofknechte, Arbeitsmänner und Tagelöhner. Nur die Vorfahren der Großmutter väterlicherseits standen als Bauern, Radmacher oder Büdner etwas besser da.
Und die Frauen? In Alt Zachun lebte Anfang des 19. Jahrhunderts Catherina, Dorothea, Maria Baarhs. Sie teilte das Los vieler armer Mädchen vom Lande und mußte in Stellung gehen. Sie diente bei einer Familie in Schwerin und verliebte sich in den Gardesoldaten Johann Stricker. Für den schmucken Soldaten war es nur ein Techtelmechtel. Das junge Mädchen mußte die Folgen tragen. Sie wurde schwanger, war gezwungen ihre Stellung aufzugeben und ging zurück aufs Land. Im Beisein ihres Vaters brachte sie am 06.01.1850 in Bandenitz meinen Urgroßvater Carl, Friedrich, Heinrich Baarhs zur Welt.

Meine Großmutter Auguste, Dorothea, Sophie Kaben wurde am 25.03.1884 ebenfalls unehelich in Dümmer von Caroline, Sophie, Henriette Kaben zur Welt gebracht. Auch hier bestätigte der Vater der Kindesmutter die Rechtmäßigkeit der Geburt.
Die ledigen Mütter mußten alleine mit ihrem Schicksal fertig werden. Wollten sie wenigstens halbwegs auf eigenen Beinen stehen, waren sie gezwungen, einen Ehemann zu finden, der sie mitsamt der Kinder nahm. Meine Großeltern, Heinrich, Johann, Max Baahrs und Auguste, Dorothea, Sophie Kaben vermählten sich am 10.08.1906 in Schwerin. Sie lebten dort bis zu ihrem Tode in der Fritz-Reuter-Straße 44, wo mein Großvater mit seinen Söhnen eine bescheidene Schlosserwerkstatt betrieb.

Die Spuren der mütterlichen Vorfahren lassen sich noch schwerer zurückverfolgen. Aus den geringen Kenntnissen geht hervor, daß die Lebenswege ähnlich verliefen. Sophia, Maria, Elisabeth Martens aus Neukloster ließ sich mit dem Zimmergesellen Steinhäuser ein. Beider Kind, das Mädchen Anna, Sophia, Maria Martens, meine Urgroßmutter, wurde am 04.01.1838 unehelich geboren. Der Zimmergeselle machte sich aus dem Staube.

Anna, Sophia, Maria gebar wiederum unehelich mit 30 Jahren, am 07.03.1868 in Zahrensdorf bei Wismar, meinen Großvater Christian Martens.

In Baden-Württemberg war es nicht viel anders als in Mecklenburg. Dort lebten die Vorfahren der Großmutter.

Aus der Ehe von Christine Schatz mit dem Schlosser Franz, Julius Hartmann ging schließlich meine Großmutter Maria, Mathilde hervor. Sie wurde am 17.07.1878 in Strassburg geboren. Dort lebte sie als zweite Ehefrau des Christian Martens bis nach dem 1. Weltkrieg. Als das Elsaß 1918 wieder französisch wurde, begaben sie sich mit sechs Kindern nach Schwerin, wohnten jahrelang in der Fischer Straße 4 und zogen später in die Fritz-Reuter-Straße 46 ein. Das Haus stand auf dem Nachbargrundstück der Schlosserei „Heinrich Baarß".

Die aufgezählten Fakten sagen viel und wenig. Eines steht außer Frage, man legte Wert auf viele schöne Vornamen, besonders bei den weiblichen Mitgliedern der Familie.

Gewisse Rückschlüsse auf das Leben von Landarbeitern im Mecklenburg des 19. Jahrhunderts sind möglich. Geheiratet wurde relativ spät. Die Männer waren so um die dreißig, die Frauen oft gleichaltrig oder ein wenig jünger. Der Verdienst war anscheinend so gering, daß man lange nicht an die Gründung eines eigenen Hausstandes denken konnte. Gearbeitet wurde von Sonnenaufgang bis zum Dunkelwerden für andere, die sich Knechte und Mägde leisten konnten. Man kroch miteinander ins Stroh oder wurde als Magd vom Bauern sowie dem Gutsherren zum Beischlaf gezwungen.
Bei den Armen auf dem Lande waren deshalb uneheliche Kinder keine Seltenheit. Da wurde nicht lange gefragt, von wem sie abstammten. Sie wurden selbstverständlich mit den meistens sehr zahlreichen eigenen Nachkommen durchgefüttert und mußten so früh wie möglich aus dem Haus und auf eigenen Beinen stehen.

Großvater Christian erzählte selten von seiner Kindheit. Mir ist in Erinnerung geblieben, daß seine Eltern sehr beengt hausen mußten. Die Mutter brachte, außer meinem Großvater, zwei weitere uneheliche Kinder mit in die Ehe. Acht eheliche Geschwister kamen im Laufe der Jahre hinzu. Ein eigenes Bett kannte mein Großvater nicht. Zu zweit und zu dritt wurde in einem Bett geschlafen. Die Mahlzeiten nahm die Kinderschar meistens im Stehen ein, weil nicht für jedes Familienmitglied ein Stuhl zur Verfügung stand. Mutter schüttete fast täglich dampfende Pellkartoffeln auf die Mitte des Tisches, manchmal gab es Stipp oder Hering, Fleisch nur an Feiertagen, dazu. Schuhe waren Luxus, den man sich nicht leisten konnte. Es wurde gewöhnlich barfuß oder in Holzpantinen gelaufen. Raus wollten alle aus solchen armseligen Verhältnissen. Viele wurden wie die Väter Tagelöhner. Großvater Christian, der seinen leiblichen Vater nie kennenlernte, schaffte den Sprung in die unterste Beamtenlaufbahn bei der Kaiserlichen Eisenbahn.

Auch seine Schwester Anna hatte es zu etwas gebracht. Wie üblich, ging sie mit 14 Jahren als Küchenmädchen in ein Hotel in Stellung. Anna lernte kochen und verdingte sich bei einem Oberst in Bad Schwartau als kalte Mamsell und Köchin. Berichtete sie von jener Zeit, glühten ihre Wangen. Sie verehrte ihre Herrschaft und guckte sich die feine Lebensart von ihnen ab. Anna hatte eine tadellose Figur. Die geschenkten Sachen der Gnädigen trug sie mit Stolz. Ihre zarte helle Haut wirkte, trotz einiger Sommersprossen, vornehm. Wenn nur nicht die roten Haare gewesen wären! Oft hänselten sie andere Kinder mit dem Spruch: „Rote Haare Sommersprossen sind des Teufels Volksgenossen!" Bis in meine Kinderzeit galten rote Haare als hexig und unschön. Also versuchte Anna die rote Haarpracht mit unausgereiften künstlichen Färbemitteln in ein Braun zu verwandeln. Auch unter modischen Hüten konnte man die ungeliebte Haarfarbe gut verstecken. Kam sie aber doch einmal ohne Kopfbedeckung in einen Regenguß, flossen Farbbäche über ihr Gesicht. Dann wurde Anna wegen ihrer Eitelkeit aufgezogen. Bei Regen ging sie möglichst nicht aus dem Haus. Sicher wird sie der nicht ganz unbemittelte Steinmetzmeister Dreher aus dem Erzgebirgischen, ihr späterer Ehemann, nicht gerade in solch einer blamablen Situation kennengelernt haben. Sie avancierte durch ihre Heirat zur Hausbesitzerin und war zeitlebens unendlich stolz auf diesen Status. Die Ehe blieb kinderlos.

Ich lernte Großtante Anna 1955 bei meiner ersten Westreise in Lübeck kennen. Sie war auch als Siebzigjährige noch eine aparte Erscheinung. Die roten Haare, durchzogen von wenigen weißen Strähnen, waren in einer Hochsteckfrisur geordnet. Als Witwe lebte sie von den Mieteinnahmen ihres Hauses in der Warendorpstraße mehr schlecht als recht. Ein Besuch in der alten Mecklenburger Heimat reizte Anna nicht mehr. In die russische Besatzungszone wäre sie nie gefahren, aber Besucher waren stets willkommen. Sie war schon lange Witwe und erzählte gerne, vor allem von ihrer Herrschaft. Unvorstellbar, ein Leben als Dienende zu führen. Ich wollte einen guten Schulabschluß machen, studieren und einen richtigen Beruf ausüben, ein selbst bestimmtes Leben führen. Tante Anna war schwer herzkrank. Während ich gegenüber ihres Bettes auf dem unbequemen Kanapee des nachts gruselige Fortsetzungsromane verschlang, röchelte sie von Atemnot bedrängt. Ich hatte große Angst, sie würde sterben. Alleine durfte ich keinen Schritt tun. Das schickte sich nicht. Nur in Begleitung des ungelenken überlangen Gymnasiasten Edmund, dem Sohn einer befreundeten Familie, sah ich ein paar markante Orte von Lübeck. Mir fiel es leicht, das Angebot meiner Großtante, in Lübeck zu bleiben und sie zu pflegen, abzulehnen. Auch der Lohn, dafür später ihr Haus zu erben, lockte nicht.

Was wäre aus mir geworden, wenn ich das Angebot angenommen hätte?

Auszug aus dem Tauf...

...engemeinde _Schömberg_, Dekanat _Friedenstadt_

Februar 1822

> Die Vorfahren lebten vorwiegend auf dem Lande

...wichtigen Angaben, die in dem vorbezeichneten Eintrag enthalten sind, müssen wiedergegeben werden
...ch zur Ausfüllung nicht zurückgegriffen werden.

...ne: _Schaz_

...namen: _Andreas_

...burtstag: _3. Febr. 1822_, Geburtsort: _Schömberg_

...uftag: _4. Febr. 1822_

...ater: Name, Vorname _Schaz_ _Johann Georg_

Beruf und ... _... in Schömberg_

Mutter: G...

Die arische Abstammung mußte von der <u>Sippenkanzlei</u> bestätigt werden

A b s c h r i f t.

Auszug aus dem Geburts- bezw. Taufregister
der ev.-luth. Kirchgemeinde Neukloster
Jahrgang 1809 Seite --- Nr.---

M a r t e n s , Heinrich Christian Bek.: ev.Luth.
tigam: Beruf: Knecht Wohnort: K l e i n - W a r i n Fam.Stan
Trautag: 13.7.1809 Geburtstag --------- Geburtsort ---

B a r d t , Catharina , Dorothea Bek.: ev.
t: Beruf: --------- Wohnort: Neukloster
Geburts-

A b s c h r i f t.

Auszug aus dem Geburts- bezw. Taufregister
der ev.luth. Kirchgemeinde N e u k l o s t
Jahrgang 1838 Seite --- Nr.---

M a r t e n s , Anna, Sophia , Maria
4.1.1838 Geburtsort: N e u
tag: 6.1.1838
mergeselle Friedrich
Martens

A b s c h r i f t.

Auszug aus dem Geburts- bezw. Taufregi
der ev.- luth. Kirchgemeinde T e m p
Jahrgang 1868 Seite 10 Nr. 9

Täufling: M a r t e n s , C h r i s t i a n
Geburtstag: 7.3.1868
Tauftag: 5.4.1868   Geburtsort: Z a

Eltern: Vater: unbekannt
         Mutter: Martens , Anna zu Zahrensdorf

Sonstige für die Ab-
stammung wichtige   ---------------------
Angaben:

Schwerin (Meckl), am 25. Juli 1936

<u>Gebühr 0,60 RM.</u>
                    Stempel   Mecklenburgische
                                   gez. Unterschrift

Die Vorfahren mütterlicherseits lebten bis 1918 im Elsaß

1911 wurde das Familienbuch vom Standesamt Strassburg übergeben

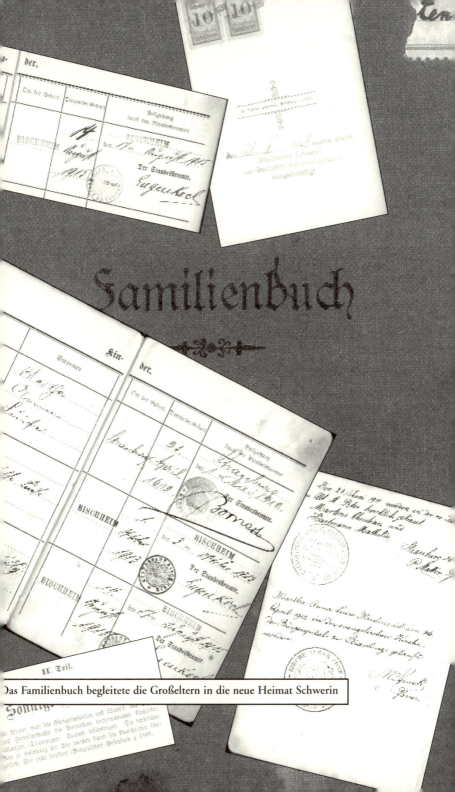

Das Familienbuch begleitete die Großeltern in die neue Heimat Schwerin

Wenn ich einmal reich wär!

Offensichtlich gab es in der Hartmannschen Linie, der meine Großmutter Mathilde väterlicherseits entstammte, Familienmitglieder, die zu Wohlstand gekommen waren. 1925 tauchten in Strassburg Albert und Eugen Hartmann auf, die sich als Onkel meiner Großmutter ausgaben und sie suchten. Zu der Zeit lebte sie bereits mit Mann und Kindern in Schwerin. Ihr Herz wird höher geschlagen haben, als Charles Schirmann, ihr Nachmieter aus Bischheim-Strassburg ihr davon Mitteilung machte.

Briefe aus der RE`PUBLIQUE FRANCAISE, STRASSBUR...........BISCHHEIM, RUE de le VICTOIRE 23, die im DEUTSCHEN REICH SALZWEG hieß, gingen auf die Reise ins ferne MECKLENBURG:

Bischheim, 10.10.1925

Werte Familie Martens!
Sie werden sich wohl wundern, heute ein Lebenszeichen von uns zu erhalten. Aber da kürzlich bei uns von Ihnen die Rede war, wobei es von Interesse für Sie gewesen ist, zu

wissen, ob Sie noch leben und wie es Ihnen geht, haben wir gedacht, an Sie zu schreiben, trotzdem wir nicht sicher sind, ob die Adresse richtig ist. Wir wären Ihnen dankbar, wenn Sie uns ein Lebenszeichen geben würden. Bei uns gehts gut, wir wohnen immer noch in Ihrer ehemaligen Wohnung.

Ein Herr Hartmann wünschte Ihre Adresse zu erfahren!

Bischheim, 20.10.1925

…Werte Familie, vor 14 Tagen kam ein Herr Hartmann zu uns und fragte nach Eurer Adresse. Er kam per Auto aus der Schweiz. Der Herr scheint vielleicht 65 bis 70 Jahre alt zu sein. Leider konnte ich ihm Eure Adresse nicht angeben, habe aber versprochen, alle Hebel in Bewegung zu setzen, um sie ausfindig zu machen. Wie mir der Chauffeur mitteilte, soll es sich um sein Testament handeln. Ob Sie nach seinem Ableben auch in Frage kommen? Viel soll es auch sein. Hoffen wir mal das beste.
Wir haben Eure Adresse abgeschickt und Sie werden von Herrn Hartmann näheres erfahren…

Bischheim, 03.11.1925

Werte Familie Martens!
Ihr Schreiben vom 31.10. haben wir erhalten und danken bestens. Wie wir gesehen haben, hat Sie unsere Nachricht aufgeregt... Schade, daß Sie nicht selbst mit dem Herren sprechen konnten. Hoffentlich haben Sie aus der Schweiz Nachricht erhalten. Ich habe dem anderen Herren auch geschrieben...

Der Herr, der bei uns war ist Mons. Albert Hartmann, rue Leopold Robert No 118, la CHAUX de FONS (SWISSE), nachträglich erhielten wir eine Karte von Mons. Eugen Hartmann, rue Numa Droz 96, CHAUX de FONS.......

Er wollte Ihre Adresse an Herrn Albert Hartmann übergeben. Also werte Familie, hoffen wir, daß Sie bald Nachricht von dort erhalten........ MONS. Albert hat mir gesagt, er sei ein Onkel von Ihnen.......

Über Allerheiligen waren wieder viele in Bischheim zu Besuch......Sonst gibt es nicht viel Neues...Viel gebaut ist in den letzten Jahren worden.........

Vor mir liegt eine vergilbte Ansichtskarte, auf der ein stattliches vierstöckiges Gründerzeithaus abgebildet ist. Es wirkt prächtig mit seinen Erkern, Säulen, Ornamenten und Schmucktürmchen. Der Giebel des Mitteltraktes ist mit einer Kugel versehen. Markisen und Fensterläden, halb geöffnet oder fest verschlossen, lassen warmes Klima erahnen. Zierliche schmiedeeiserne Balkone verstärken das südländische Flair. Kleine gestutzte alleeartig gepflanzte Bäume verdecken das Untergeschoß, in dem ein Geschäft untergebracht ist.
Die Aufschrift der Karte gibt Aufschluß über das Gewerbe:
La Chaux - de Fonds........Brasserie de la boul d`or
Mit krakeliger Schrift in Bleistift an der Unterseite: Rue Leopold Robert N : 90
Es ist das besagte Erbhaus, in dem die Hartmanns eine gut gehende Brasserie betrieben.

Erst heute kann ich ermessen, was die Nachricht vom angeblichen Erbe für meine Großmutter Mathilde bedeutete. Welche Hoffnungen sie daran knüpfte. Sollte sie endlich aus den dürftigen Verhältnissen herauskommen? Sie träumte nicht nur davon, sondern setzte alles daran, auch in den Genuß des Besitzes zu kommen. Couragiert machte sie sich mit ihren beiden ältesten Mädels, Martha und Mathilde auf den Weg in die Schweiz. Wie gut, daß ihr Mann bei der Eisenbahn war, so kostete die Zugfahrt bis zur Grenze nichts. Ein paar neue Kleider waren schnell genäht. Wie arme Verwandte wollten sie nicht wirken und aussehen. Die Mädchen im albernen Backfischalter versuchten ihr Image aufzubessern, indem sie plattdeutsch miteinander sprachen und so taten, als ob sie Engländerinnen wären. Zu ihrem größten Vergnügen schien das auch zu gelingen. Wer kannte in der Schweiz schon Mecklenburg?!

Sie kicherten noch als erwachsene Frauen über diesen Streich. Mathilde wird wie eine Löwin um ihr Erbe gekämpft haben, auch Jahre nach der Reise, aber sie kam nicht gegen den Deutschenhaß der Frau ihres Onkels an. Ihre Tante vereitelte die Erbschaft, weil Mathilde ihrem Mann nach Deutschland gefolgt war und Frankreich verraten hatte. Mathilde konnte es nicht fassen, ließ nicht locker, wollte ihr Glück erzwingen, schrieb immer wieder an Bekannte in das ferne Schweizerland.

Am 19.06.1946 teilte ihr eine Frau Th. Nagel aus La Chaux-de-Fonds lakonisch mit, daß Albert Hartmann verstorben sei und er schon vorher das Haus verkauft hätte. Eine Witwe, namens Lina Hartmann lebe noch dort, könnte die Frau sein.
Damit war der Traum vom großen Erbe endgültig begraben. Die Enttäuschung saß tief.
„Wo nichts ist, kommt nichts hin" pflegte meine Großmutter resignierend Gespräche mit dieser Thematik zu beenden.
Sie hätte nie verstanden, daß man ein Erbe und sei es noch so klein, verschenken könnte.

Ich tat es am 16.05.1985. Als Immobilie interessierte mich das Grundstück, gelegen in Schwerin, Fritz-Reuter-Straße 44, bebaut mit einem Mehrfamilienhaus, Flur 71, Flurstück 32, mit einer Größe des Gesamtgrundstückes von 536 qm, Nutzungsart: Gebäude- und Gebäudenebenfläche, nicht. Bezeichnenderweise verzichteten alle Mitglieder der Erbengemeinschaft aus der DDR ebenfalls auf ihren Anteil zugunsten eines Vetters, der dort die großväterliche Schlosserei erweitern wollte.
Die Nachfahren von Onkel Paul, dem Bruder meines Großvaters väterlicherseits, der

nach dem ersten Weltkrieg nach Frankreich auswanderte und in Nancy einen Malereibetrieb unterhielt, verzichteten ebensowenig, wie die Nachkommen seiner Schwester, Emma, die seit den fünfziger Jahren im Westen Deutschlands lebten.

Grund und Boden verschenkt man nicht, war ihr Argument, obwohl zu damaliger Zeit niemand ahnen konnte, daß mit der politischen Wende in der DDR das klitzekleine Erbteil, zu Geld gemacht, in greifbare Nähe rücken könnte. Meine Großmutter Mathilde hätte ebenso gehandelt.

Das begehrte Erbhaus in der Schweiz

La Chaux-de-Fonds
Brasserie de la boule d'or

Briefe alter Freunde aus Strassburg wecken Hoffnung auf ein reiches Erbe

Geboren 1937 in Schwerin

Das Adreßbuch von 1941 gibt Auskunft über die Lage meiner Geburtstadt in früher Kinderzeit. Die Landeshauptstadt Schwerin wurde mit Machtübernahme der Nazis zur Gaustadt ernannt.
Glaubt man den Angaben des Adreßbuches, veränderte die Gaustadt als „Hüterin der kämpferischen Tradition der Bewegung" ab dem Zeitpunkt entscheidend ihr Gesicht:
Nach der letzten Volkszählung im Jahre 1933 hatte Schwerin 53.571 Einwohner, davon waren 25.166 männlich und 28.405 weiblich. Durch die nationalsozialistische Bevölkerungspolitik und die Eingemeindung vom 1. Oktober 1936 wuchs die Einwohnerzahl auf 59.917 (ohne Militär). Am 31. Januar 1941 hatte Schwerin 67.219 Einwohner.
Grundsätzliche Änderungen im Aufbau der Bevölkerung hatte es aber nicht gegeben.
Schwerin als Sitz des Mecklenburgischen Staatsministeriums, einer Reichsbahn=Direktion, einer Reichspost=Direktion und zahlloser anderer Dienststellen, die an eine „Gaustadt" gebunden waren, sowie als Standort der 12. Division und verschiedener anderer Truppenteile zeigte einen Bevöl-

kerungsaufbau, der im wesentlichen durch Beamte und Angestellte... bestimmt war.
Schwerin war mit dem übrigen Reich durch gute Bahnanschlüsse verbunden. Durch ein D-Zug-Paar und ein Eilzug-Paar einerseits über Leipzig die Nord-Süd-Verbindung und andrerseits über Ülzen-Hannover war die Verbindung mit dem deutschen Westen gesichert. Durch die geplante Reichsautobahn Hamburg-Berlin, die bei Ludwigslust von Schwerin aus zu erreichen sein sollte, erfolgte auch eine für den Kraftwagenverkehr wünschenswerte gute Straßenverbindung mit den beiden größten Städten des Reiches.

Das Kanalnetz (Störkanal), das Schwerin auf dem Wasserwege mit Hamburg und Berlin und dem übrigen deutschen Flußschiffahrtssystem verbindet, besaß eine gewisse Bedeutung.
Schwerins Hafen umfaßte mit seinen vortrefflichen Kaianlagen das Ost- und Südufer des Ziegelsees und verfügte über eine leistungsfähige Hafenbahn. Der Hafen ermöglichte die An- und Abfuhr vor allem landwirtschaftlicher Erzeugnisse auf dem Wasserweg, die sich billiger als der Transport zu Lande stellte.

Die Industrie... in Schwerin war naturgemäß ...hauptsächlich auf die Verarbeitung landwirtschaftlicher Produkte eingestellt (Mühlen, Holzverarbeitung, Brauerei).

Ende des Jahres 1933 zählte die Stadt 2.290 Wohlfahrtserwerbslose und 1.757 anerkannte Erwerbslose.
Das Jahr 1937 brachte nicht nur den völligen Schwund der Arbeitslosigkeit, sondern es mußten für Bauarbeiten sogar Arbeitskräfte außerhalb Mecklenburgs gesucht werden. Im September 1938 blieben 2070 Arbeitsplätze unbesetzt.

Schwerin mit seiner landschaftlich reizvollen Umgebung und als Durchgangspunkt zu den Ostseebädern konnte auf einen steigenden Fremdenverkehr verweisen...
An eine bessere Erschließung der Schweriner Seen wurde gedacht:
Der Neumühler See sollte für Kraftwagen durch eine Zufahrtsstraße und einen Parkplatz erreichbar gemacht werden, Promenaden um den Faulen See und vom Heidensee am westlichen Ufer des Schweriner Sees entlang waren geplant.
1937 wurde der Landesfremdenverkehrsver-

band Mecklenburg vom Oberbürgermeister geleitet. Er hatte seinen Sitz in Schwerin. Ein Generalwirtschaftsplan wurde aufgestellt, der Umgehungsstraßen im Ring um die Stadt führen sollte. Mitte 1937 wurde das Stadtinnere am Verkehrsmittelpunkt (Adolf-Hitler-Platz), dem heutigen Marienplatz, neu gestaltet. Das zentrale Sparkassengebäude entstand.

Durch großzügige Eingemeindungen im Jahre 1936 war das Stadtgebiet weit nach Norden und Westen vorgeschoben worden und hatte sich um mehr als das Doppelte vergrößert. Der Bevölkerungszuwachs war relativ gering.

Von 1933 bis 1938 wurden 3.500 Wohnungen neu geschaffen, damit war der Bedarf jedoch noch nicht völlig gedeckt.

Für Kinderreiche war vor allem der Baublock Voß,-Müller- und Sandstraße bestimmt. Die Asozialen (50 Familien) wurden in Lankow-Ziegelhof zusammengefaßt.

Die Nazis richteten sich in Schwerin ein:

Der Gau der NSDAP, die Deutsche Arbeitsfront, der Arbeitsgau VI, ein Bezirk des weiblichen Arbeitsdienstes, die Gauschule der Partei, die Reichsmotorschule befanden sich z.B. in Schwerin.

Der Reichsstatthalter und Gauleiter für Mecklenburg, Friedrich Hildebrandt, hatte seinen Amtssitz in Schwerin und war Ehrenbürger der Stadt. Die Zentrale für die mecklenburgische Ahnenforschung und das Kirchenbuchamt kamen dazu.

Seit 1937 mußte jeder Bürger des Deutschen Reiches, laut Reichsmeldeordnung, eine Kennkarte haben.

Einhundertelf Verbände und Vereine wurden im Adreßbuch angezeigt. Der NS-Reichskriegerbund gliederte sich z. B. in 20 Untergruppen auf (Kriegskameradschaften: ehemaliger Fußartilleristen - Mecklenburger Grenadiere - Landwehr - Freikorpskämpfer, Jäger und Schützen usw.) Man konnte sich aber auch in solchen Vereinen betätigen, wie: dem Brieftaubenzüchter=Verein „Durch Dick und Dünn", Kanarienzüchterverein „Fringilla" Schwerin und Umgebung, Bund Deutscher Osten, Gesangsverein Schweriner Bäckermeister, Richard-Wagner-Verband Deutscher Frauen, Schweriner Zitherclub oder die plattdütsch „Gill to Swerin", Schweriner Liedertafel (1852 gegr.), Gesangsriege des Männerturnvereins von 1859, Mecklenburgischen Brieftauben-Reisevereinigung von 1901 o. ä.

Ebenso dominant wie der NS-Reichskriegsbund war der NS-Reichsbund für Leibesübungen, dem 18 Sportvereine angehörten (Schweriner Tennis- und Hockeyclub, Ruderkameradschaft Schwerin von 1871, Schweriner Seglerverein von 1894, Radfahrer-Verein, Schweriner Schützenzunft von 1640, Deutscher Alpenverein usw.).
Die Nazis hatten die Gaustadt in 22 Ortsgruppen aufgeteilt, für die jeweils ein Ortsgruppenleiter verantwortlich war. Die für unsere Straße zuständige Geschäftsstelle der Ortsgruppe der NSDAP-Fritz Reuter war so wie die anderen zusammengesetzt:
ein Ortsgruppenamtsleiter, Organisationsverwalter, Kassenwalter, Wohlfahrtswalter, Propagandawalter, Sachbearbeiter für Jugendhilfe, eine Verantwortliche für „Mutter und Kind" und der Frauenhilfsdienst. Die Parteigenossen hatten ihre Geschäftsstelle gleich um die Ecke in der Roonstraße 28. Wahrgenommen habe ich diese Einrichtung nicht, obwohl meine Einschulung 1943 ein paar Häusernummern weiter in die Roonschule erfolgte.

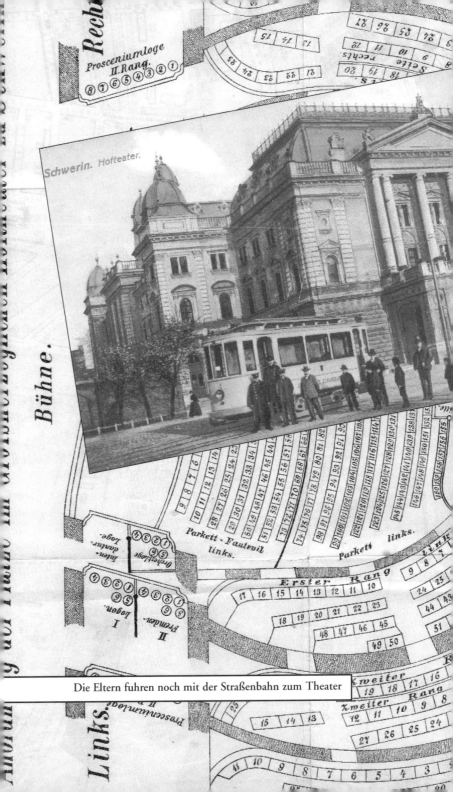

Die Eltern fuhren noch mit der Straßenbahn zum Theater

Das Großherzogliche Schloß zu Schwerin (oben)
Der Schweriner Bahnhof (unten)

Der Schweriner Marktplatz südlich vom Dom mit dem Brunnen, der heute auf dem Bahnhofsvorplatz steht

Das Kinderhaus
- Fritz-Reuter-Straße 44

Die großen Pläne von der Geschäftserweiterung des traditionellen Handwerksbetriebes, Schlosserei „Heinrich Baarß", scheiterten an Kapitalmangel. Das Grundstück verkam nach der Wende zusehends. Schließlich fand sich in den neunziger Jahren zur Freude der „Restbesitzer" doch noch ein Käufer.

Das von Grund auf sanierte, hell verputzte Haus in der Fritz-Reuter-Straße von heute, hat nichts mehr mit dem grauen komfortlosen Mietshaus zu tun, in dem ich geboren wurde und die ersten dreizehn Jahre meines Lebens verbrachte.

Als fünfköpfige Familie bewohnten wir eine Hochparterrewohnung mit Wohn-, Schlaf-, Kinderzimmer, winzigem Flur und Küche. Ein Badezimmer gab es nicht. Der Ausguß in der Küche und der aufklappbare Hocker mit einer Waschschüssel mußten für die Körperhygiene genügen. Am Freitagabend allerdings wurde die Küche in ein Badezimmer verwandelt. Auf dem Feuerherd dampften große Töpfe und der Teekessel mit kochen-

dem Wasser. Eine Kinderbadewanne aus Zink wurde aufgestellt, Badetücher auf dem Küchentisch ausgebreitet, Seife, Haarwaschmittel, Nagelschere und Föhn in Reichweite gelegt. Bevor meine beiden Brüder und ich in der Wanne abgeseift wurden, drückte Mutter uns einen trockenen Waschlappen in die Hände, den wir vor die Augen hielten, wenn heiße seifige Güsse zum Haare waschen über den Kopf geschüttet wurden. Nicht immer entsprach die Temperatur unserem Wohlbefinden. Stellt euch nicht so an, hieß es bei gelegentlichem Aufmucken unsererseits und weiter ging die Prozedur.
Die Küche dampfte, meine Mutter schwitzte. Sie war sicher sehr froh, wenn wir endlich, vor Sauberkeit blitzend, im Bett lagen.

Die Toiletten befanden sich im Keller. Der Gang dorthin kostete jedesmal Überwindung, war ein nicht zu vermeidendes Greuel. Die Angst saß mir im Nacken, besonders, wenn ich abends die dunkle Kellertreppe hinunter schlich, um unten das Licht anzuknipsen. Die trübe Beleuchtung half auch nicht viel, noch schlimmer war es in totaler Finsternis bei den häufigen Stromsperren. Wie oft bettelte ich um Begleitung zum

„Örtchen", leider fast immer vergebens. Die „Sitzung" wurde auf ein Minimum beschränkt. Trotzdem blieb die Angst, denn in den verschachtelten Kellergängen war es sehr unheimlich. Vielleicht versteckte sich dort ein Mörder? Meistens huschte nur eine Katze um die Ecke, aber auch Ratten richteten sich zeitweise häuslich in dieser beängstigenden Unterwelt ein. Der Ekel vor ihnen saß tief, wurde fast zur Phobie. Daran war die Ratte schuld, die mich eines Tages mit funkelnden Augen aus einer Rohröffnung in unserer Toilette fixierte, so daß ich vor Angst gelähmt erstarrte und nicht wagte, mich zu bewegen. Schließlich entkam ich der „Bestie", nicht meiner Fantasie. Scharen von Ratten verfolgten mich fortan in meinen Träumen. In letzter Minute entkam ich ihnen, aber der Ekel vor Ratten beherrscht mich noch heute. Mit Singen, Pfeifen, lautem Türenschlagen versuchte ich meine Angst vor Geistern, Mördern, Einbrechern, Ratten..., zu überwinden. Allerdings ließ ich das Pfeifen schnell sein, wenn meine Oma in Sicht war. „Mädchen, die pfeifen, Hähne, die krähen, denen soll man beizeiten die Hälse umdrehen", so ihr Kommentar. Ich pfiff trotzig um so lauter, wenn sie außer Reichweite war.

Ganz anders bei meiner Freundin, zwei Häuser weiter. Dort ging man zur Toilette nicht in den düsteren Keller, sondern eine Treppe höher. Welch ein Fortschritt!

Gerne stieg ich in das Dachgeschoß. Der große Trockenboden hing fast immer voller Wäsche, die leicht im Luftzug hin und her schwang. Häufig gab es Auseinandersetzungen unter den Hausfrauen, weil jemand vergessen hatte, sich rechtzeitig für die Nutzung einzutragen. Wohin mit der nassen Wäsche? Genau so verpönt wurden diejenigen, die ihre Wäsche überlange hängen ließen. Diese Querelen bekam ich nur am Rande mit. Sie interessierten mich nicht. Aber die große eisenbeschlagene Truhe an der Wand weckte meine Neugier. Sie war mit einem riesigen Vorhängeschloss gesichert. Zu gerne hätte ich gewußt, was in ihrem Innern verborgen war. Ich erfuhr es nie.

Fündiger wurde ich in unserer Bodenkammer. Zum Trocknen aufgehängte Kräuter verströmten Sommerwiesenduft. In einem schmuddeligen Pappkarton entdeckte ich eine wunderliche handgeschnitzte Pfeifensammlung. Angeblich hatte mein Großvater sie aus dem ersten Weltkrieg mitgebracht. Jeder bunte Pfeifenkopf war ein Unikat. Ich gab ihnen Namen und spielte selbst erfundene Geschichten mit den putzigen Gesellen Balthasar, Kuno, Theobald...

Auch der sorgfältig in Seidenpapier eingeschlagene Brautschleier meiner Mutter versetzte mich in Entzücken. Vorsichtig entfaltete ich ihn, hüllte mich hinein und schaute stolz in die Runde. Ich war die Schönste aller Zeiten, oder? Leider oder zum Glück hatte ich keinen Zauberspiegel wie Schneewittchen. Wer weiß, wie die Antwort ausgefallen wäre!

Da war doch noch eine weinrote längliche Schachtel! Ich schlug das Seidentuch auseinander und hielt einen langen Zopf, verziert mit einer himmelblauen großen Schleife, in meinen Händen. „Sieh doch mal, was ich gefunden habe, sind das etwa deine Haare?" bestürmte ich die Mutter.

Nachdenklich nahm sie den Zopf in die Hand, „Ja, ich hatte früher so lange Haare. Manchmal trug ich einen Dutt, ein anderes Mal wurden sie geflochten als Schnecken über den Ohren zusammengesteckt. Am liebsten trug ich einen Mozartzopf. Das gefiel auch deinem Vater am besten".

„Warum hast du dir bloß die schönen Haare abschneiden lassen?", bohrte ich weiter. „Wie gerne hätte ich so einen schönen langen Zopf, ich lasse meine Haare wachsen", beendete ich das Gespräch, indem ich den Zopf vorsichtig wieder in die Schachtel legte.

Bevor dieser Entschluß Wirklichkeit werden konnte, wuchsen meiner großen Puppe zu Weihnachten lange Haare aus dem Zopf meiner Mutter. Eifrig übte ich an diesem Modell den Umgang mit langen Haaren. Aus Zuckerwasser und Pergamentpapierwicklern zauberte ich der Puppendame im rosa Ballkleid die schönsten Lockenfrisuren.

Viel lebendiger wurde das Spiel mit der kleinen Kochhexe, die auch vom Boden stammte. Die Freundin mußte her. Jetzt konnten wir wie die Großen hantieren. Die originalgetreu nachgebaute Kochhexe hatte sogar eine kleine Backröhre mit passenden Kuchenblechen. Bratpfanne, Töpfe, Teekessel, Feuerloch, Aschekasten, sogar ein Feuerhaken und Eisenringe zum Abdecken der Kochstellen, alles war im Miniformat funktionstüchtig dabei. Begeistert machten wir uns ans Werk. Der kleine Bruder Uwe sollte Holzspäne besorgen, von Mutter erbaten wir

Essenreste oder Kaffeersatz und hantierten mit glühenden Wangen am Öfchen. Eifrig servierten wir jedem, der uns in die Quere kam, Bratkartoffeln, die fast ohne Fett gebacken, immer etwas angebrannt schmeckten und frisch gebrühten „Muckefuck". Nicht nur deshalb blieben die Gäste aus. Die winzigen Portionen machten eben nur Appetit, aber nie satt. Enttäuscht aßen wir alles selber auf und verloren bald die Lust am Kochen.

„Eene meene micken maaken, eene Fru, de künn nich kaaken, nimmt nen Stock purrt een Lock schitt nen groten Hiringskopp schitt vörbie un du büst fri", schallte es aus dem Torweg in das Haus. Nichts, wie hin, bevor die Kinderschar zum Versteckspiel auseinanderstob und in den Abzählkreis eingereiht! Mit klopfendem Herzen lauerte man im Versteck und wünschte, nie entdeckt zu werden.

Bei schlechtem Wetter wurden Mädchenwettkämpfe im Handstandstehen ausgetragen. Beim Kommando: „Achtung fertig los!" warfen wir die Beine über den Kopf an die Wand, drückten die Arme durch, verharrten unter den über den Köpfen zusammen geschlagenen Röcken so lange wir konnten und gaben mit hochroten Gesichtern nacheinander auf. Einige Male wurde auch ich stolze „Handstandkönigin".

Bei schönem Wetter bevölkerten die zahlreichen Kinder des Hauses den kopfsteingepflasterten Hof. Verbaut mit Schuppen, Hinterhaus, Werkstatt, Waschküche, voll gestellt mit allerhand Gerümpel, empfanden wir ihn als idealen Spielplatz. Aus Brettern und alten Decken bauten wir Höhlen, spielten Vater-Mutter-Kind, kopierten die Erwachsenenwelt nach unserer Beobachtung.

War kein Spielkamerad bereit, das Kind zu mimen, wurde eben „Kater Mumm" einbezogen. Er döste am Tage meistens in der Mittagssonne im Garten oder in der warmen Backstube, die den Eltern meiner Freundin gehörte, vor sich hin. Besagter Hauskater hatte etliche Jahre auf dem Buckel, war kräftig und wohlgenährt. „Kater Mumm" wich keinem Kampf mit Rivalen aus. Er ging fast immer siegreich daraus hervor, mußte aber auch Verluste hinnehmen. Seine Markenzeichen: ein abgequetschter Stummelschwanz und ein zerbissenes Ohr. Oft kam der Veteran von nächtlichen Streifzügen humpelnd in sein Hausquartier zurück. Von dem Bäckermeister und Kindern ließ „Kater Mumm" sich fast alles gefallen.

Also fix dem wohlig schnurrenden Kater Puppenkleider übergezogen, ein Häubchen um den Kopf gebunden und rücklings in den Puppenwagen gelegt. Die Pfötchen ragten niedlich über die Zudecke. Das Schnurren war verstummt. Kichernd zeigten wir jedem, der es wissen wollte, das „Puppenkind". Die lebende Babypuppe hatte bald genug von dem falschen Spiel. Mit einem gewaltigen Satz sprang der Kater aus dem Wagen. Samt Verkleidung jagte er davon. Mit zerfetzten Kleiderresten behängt suchte der Kampferprobte Zuflucht beim Bäckermeister, der ihn beruhigte und auf die unvernünftigen Kinder schimpfte. Nie wieder ließ der Kater sich solch einen Mummenschanz gefallen. Er blieb trotzdem der Liebling aller Kinder.

Irgendwann im Frühling starb das alt und schwach gewordene Tier. Wir begruben es im Garten der Bäckerei und weinten um unseren treuen Freund. Die Jungen stellten ein selbst geschnitztes Holzkreuz auf den kleinen Sandhügel, mit der Inschrift: „Hier ruht

unser Kater Mumm - wir werden ihn nie vergessen." Ein Kranz aus Veilchen schmückte seine letzte Ruhestätte.
So schnell wie die Blumen welkten, so schnell verging unsere Trauer.

Fritz-Reuter-Straße 44 - in der Parterrewohnung wurde ich 1937 geboren und wuchs dort mit den Brüdern auf

Die Familien Baarß und Paganini im Hausgarten

Aussichtsturm a. Friedrich-Wilhelmplatz

Familienausflüge zum Fr.-Wilhelmplatz und in die Badeanstalt Lankow

Familienbad

Mit altem Brauch wird nicht gebrochen,
Hier können Familien Kaffee kochen.

Friedrich-Wilhelmplatz mit Gedenkstein.
Herrlicher Rundblick auf den See und Schwerin.

Mitbewohner - Nachbarn

Gehe ich heute durch die Fritz-Reuter-Straße, brauche ich all meine Vorstellungskraft, um das Leben ferner Kinderjahre auferstehen zu lassen. Eine Flaniermeile war die schmucklose Straße, in der zirka 60, meist dreigeschossige Mietshäuser dichtgedrängt die Bürgersteige säumen, nie. Weder Bäume, noch Sträucher milderten den tristen Eindruck. Früher quietschte noch die Straßenbahn mitten durch sie hindurch.
Heute sind beide Straßenseiten mit Autos zugeparkt. Allerdings hellen jetzt einige sanierte, frisch verputze Häuser den Gesamteindruck auf. Das Leben im Innern der Gebäude bleibt verborgen. So war es in meiner Kinderzeit nicht. Das Leben quoll aus den engen Wohnungen. In den Mietshäusern gab es damals kaum Anonymität. Ob man wollte oder nicht, man wurde mit den Freuden und Leiden der Nachbarn konfrontiert. Daraus erwuchs Solidarität, manchmal Abneigung, aber man war im Gespräch, nahm Anteil und bewegte sich auf vertrautem sozialen Boden unter Seinesgleichen. Man bekam alles, was zum Leben gebraucht wurde in der Straße.

Die Bewohner des Kinderhauses, meine Familie, unterschieden sich da in keiner Weise von den etwa 500 Einwohnern, die Anfang der vierziger Jahre die Fritz-Reuter-Straße bevölkerten.
Dienstleistungen jeder Art erbrachten die 35 selbständigen Handwerksmeister, wie Damen- und Herrenfriseur, Schlachter, Schneider, Schlosser, Bürstenmacher, Glaser, Schuhmacher, Töpfer, Bäcker, Elektriker, Tapezierer, Maler, Steinsetzer... 15 Gewerbetreibende sicherten die Versorgung ihrer Mitbürger als Bauunternehmer, Kolonialwarenhändler, Fischräucherei, Fuhrunternehmer, Bettfedernreinigung, Milchhändler, Musik-und Radiohaus, Heißmangel...

Zirka 150 Witwen und Rentner mit bescheidenem Einkommen, etwa 40 kleine Beamte von Post (Postassistent, Oberpostschaffner, Postkraftwagenfahrer) und Reichsbahn (Lokomotivputzer, Weichenwärter, Stellwerksmeister, Heizer), ungefähr 50 Arbeiter und über 100 Männer mit solchen Berufen, wie Metallbohrer, Friedhofsarbeiter, Steinschläger, Molkereigehilfe, Lohndiener, Kesselschmied, Kutscher, Hausdiener, Theaterbeleuchter, Spleißer, Graveur, Reisender usw.

lebten auf engstem Raum zusammen. Lediglich eine Klavier- und eine Handarbeitslehrerin vertraten die berufstätigen Frauen.

Zwei Bankbeamte, zwei Kriminal-Assistenten, ein Ratsbetriebs-Assistent, ein Heizungsingenieur, ein Polizei-Hauptwachtmeister, zwei Unteroffiziere, ein Obertruppenführer des Reichsarbeitsdienstes, ein Bezirksoberwachtmeister der Feuerwehr, ein Regierungsobersekretär, zwei Privatmänner, ein Landwirt u.ä. sowie wenige Angestellte waren in der Minderzahl.

Die „kleinen Leute" blieben unter sich. Die sozialen Unterschiede hielten sich in Grenzen. Die Lebensumstände waren annähernd gleich.

In der Fritz-Reuter-Straße 44 wohnten zu meiner Kinderzeit im Vorderhaus die Witwe Sophie Saß, der Straßenbahnschaffner Paul Jiske mit Frau und zwei Söhnen, der alleinstehende Güterbahnarbeiter Carl Rowohl, der Schneider Paul Witte, die Mechaniker Heinrich, Erich und Richard Baarß mit ihren Familien, der Schneider Otto Paganini mit Frau, Sohn und Tochter und im Hinterhaus der Arbeiter Martin Kahrstedt mit Frau und Kindern.

Mit wachen Sinnen erlebte ich das Haus und seine Bewohner. Da war die Großtante Emma, die fließbandartig Taschentücher behäkelte und sie in einer Ecke mit einem Röschen verzierte. Auf der Fensterbank in ihrer Küche standen immer Schüsselchen mit aufgegossener Milch zum Dickwerden.

Nebenan hockte der aus dem Schwarzwald stammende Großonkel Otto auf dem großen Schneidertisch. Meistens hatte er den Mund voller Stecknadeln mit großen bunten Köpfen, die er „Gifflis" nannte. Vielleicht sprach er aus Angst, sich zu verschlucken, so wenig. Er stichelte unentwegt, sprang behende immer dann vom Tisch, wenn es galt, eine Naht auszubügeln. Dann zischte es unter dem Dampftuch und der Onkel erklärte, daß das Ausbügeln zur rechten Zeit ungeheuer wichtig sei. Onkel und Tante arbeiteten hart für das Fortkommen ihrer Kinder. Sie sollten es einmal besser haben. Der Sohn mit dem verpflichtenden Namen Paganini wurde tatsächlich Geiger. Die hübsche verwöhnte Tochter wirkte wie eine feine Dame. Herrn Rowohl gegenüber besuchte ich so gerne, weil er einige Bücher besaß, die ich ansehen durfte.

Von ihm entlieh ich meinen ersten historischen Roman, „Der König von Rothenburg". Er gefiel mir so sehr, daß ich die Rückgabe immer wieder verschob.
Das Buch steht noch heute in meinem Bücherschrank und ich habe gar kein schlechtes Gewissen.

Zum Ärger meiner Mutter, die gerne ein Mittagsschläfchen hielt, ertönte regelmäßig gegen 13 Uhr ein Rasseln in der Wohnung über uns.
Frau Jiske drehte energisch die Kurbel, der an der Küchentür befestigten Kaffeemühle, weil sie just um diese Zeit einen Riesenappetit auf eine Tasse frisch gemahlenen Bohnenkaffee verspürte. Die hagere flinke Frau gönnte sich sonst wenig Ruhe. Sie huschte durch Haus und Wohnung, immer mit einem wachsamen Blick auf den Hof.
Was stellten die Kinder heute wieder an? Wenn ihr das Getobe zu viel wurde, schimpfte sie lauthals aus dem Fenster hinunter. Gefielen ihr unsere Spiele, lächelte sie wohlwollend auf uns herab.

Einmal spielten wir mit Inbrunst „Zirkus". Alle Kinder aus dem Haus und der Nach-

barschaft waren eingespannt. Die kleinen Brüder rollten als Zirkusdiener einen zerschlissenen Teppich für die „Artisten" aus. Ein großer Junge wagte den Todessprung vom hoch getürmten Bretterstapel in einen Berg von Sägespänen.
Der kleine Bruder demonstrierte Geschicklichkeitsfahren mit dem Dreirad. Er fuhr, waghalsig zur Seite geneigt, im Wechsel auf einem oder zwei Rädern. Mit kühnem Schwung sprang er nach vollbrachter Tat in die Mitte der Manege und verbeugte sich.
Meine Freundin und ich traten erst nach der Pause als Bajaderen auf. Über die Strandanzüge aus Fallschirmseide hatten wir Bademäntel geworfen und harrten grell geschminkt auf unseren Auftritt.
Zur Pausenversorgung der zahlreichen Zuschauer hatten alle Hausbewohner, auch Frau Jiske, beigetragen. Sie ließen kleine Körbchen mit Äpfeln, Bonbons, Brot, Keksen aus den Fenstern der oberen Stockwerke an Leinen zu uns hinunter und amüsierten sich köstlich über das fantasievolle Spiel.

Hinter dem Hof, wo mein Großvater und seine Söhne vor dem zweiten Weltkrieg eine

Mechanikerwerkstatt betrieben, führte eine kleine Gittertür in den Garten. Er grenzte an einen Bahndamm. Den Lärm der vorüberratternden Züge nahm ich kaum wahr. Er gehörte zu unserem Leben ebenso wie die quietschende Straßenbahn im vorderen Bereich.

Zu meinem Kinderleben gehörten auch die Menschen der unmittelbaren Nachbarschaft. Ich sehe sie vor mir:
Nebenan steht der Kaufmann auf der obersten Stufe der Ladentreppe. Er trägt wie gewöhnlich einen gelben schmuddeligen Kittel, der über dem Bauch spannt. Das Abwischen der Hände hinterließ Spuren auf dem Schutzmantel, die das Angebot des Ladens, vom Hering bis zum Harzerkäse, widerspiegelten. Der ganze Laden wirkte düster und unappetitlich.
Nur die riesigen Glasbehälter, gefüllt mit farbigen Bonbons, erregten meine Begierde. Selten erhielt ich ein paar Groschen, um sie zu stillen.
Darum kauften wir dort nicht ein, sondern erwarben die Lebensmittel in dem adretten Laden von Kaufmann Papist in der Voßstraße.

Gerne ließen wir uns aber auf der Ladentreppe von dem Kaufmann nebenan nieder, um zu schwatzen oder neue Spiele abzusprechen. Das gefiel ihm gar nicht. Er scheuchte uns fort, wir machten ihm eine lange Nase und saßen am nächsten Tag wieder dort.

Jederzeit willkommen war ich in der Bäckerei Fink, zwei Häuser weiter. Die Bäckerstochter und ich wurden die „Unzertrennlichen" genannt. Die Freundschaft unserer Eltern übertrug sich auf uns. Täglich hockten wir zusammen, auch die jüngeren Brüder heckten gemeinsam so manchen Streich aus. Fast täglich hüpfte ich die Stufen zum Bäckerladen hinauf. Meldete das Glockenspiel beim Öffnen der Tür mit hellem Klang das Erscheinen eines vermeintlichen Kunden, schrie ich mit lauter Stimme: „Ich bin's" und schlüpfte schnell in die Wohnung zu der Freundin.

Manchmal durften wir im Laden helfen. Weiße Schürzen mußten sein, bevor wir den Kunden entgegenriefen: „Was darf es denn sein?" Flink reichten wir das einmalige Vollkornbrot bzw. Knüppel, Rosenbrötchen, Weizenbrot, Semmelmehl, Berliner, Hanseaten oder Heidesand über den Ladentisch. Das Zusammenrechnen der Zahlbeträge ging nicht so schnell. Da halfen schon mal die Kunden und rundeten zu unserer Freude manchmal nach oben auf.

Noch lieber hielten wir uns in der Backstube auf. Meister Fink bestückte den holzgefeuerten Backofen mit Teigwaren und förderte nach entsprechender Backzeit mit dem langen Holzschieber die duftenden frischen Backwaren zutage. Nichts schmeckte besser, als der warme knusprige Knust eines frisch gebackenen Schwarzbrotes. Heißwecken mochten wir fast genauso gerne. Mit heißer Milch übergossen, quollen sie auf und wenn Mutter noch ein Butterflöckchen obenauf setzte, verspeisten wir sie mit Hochgenuß.
Zum Wochenende standen die Hausfrauen Schlange vor der Backstube. Sie brachten den zu Hause vorbereiteten Kuchen wie üblich zum Abbacken hierher. Welch ein Duft!

Gerüche ganz anderer Art drangen von der gegenüberliegenden Straßenseite herüber, wenn Fischer Rehm räucherte. Frische Bücklinge waren nicht zu verachten, noch viel weniger Peter, der Sohn des Fischers, für den ich heimlich schwärmte. Er war ein Freund meines älteren Bruders, Klaus. Wenn er bei uns auftauchte, bekam ich rote Ohren. Nicht einmal das bemerkte er.

Mein jüngerer Bruder, Uwe, war fasziniert vom Fuhrbetrieb und der Kohlenhandlung der Firma Eggers. Er saß stundenlang auf dem Fensterbrett des Wohnzimmers und beobachtete die an- und abfahrenden Pferdewagen. Das „Brrr, Hüh und Hott", schallte durch die Straße. Die stämmigen Gäule schnaubten in die umgehängten Futtersäcke. Schwarzverschmierte Kohlenträger rechneten im Büro auf dem Hof ihre Aufträge ab und übernahmen neue, bevor sie sich auch eine Pause gönnten und in die deftigen mitgebrachten Brote bissen.
Der Sohn, Gerhard, war ebenfalls ein Freund von Klaus. Er beachtete mich schon eher, aber ich übersah ihn.

Ein alter ungepflegter Mann in ärmlicher Kleidung durchquerte regelmäßig die Straße. In Windeseile beförderte er noch dampfenden Pferdemist auf ein ausgebeultes Kehrblech und schüttete ihn in eine große Blechkiste, die notdürftig auf einem wackeligen

vierräderigem Untergestell befestigt war. Ein grimmiger schwarz-weiß-gefleckter Köter zog den Karren. Die Kinder nannten ihn Fleischerhund, hatten Angst vor ihm. Trotzdem bekamen sie Mitleid mit dem Tier, wenn es von seinem Herrn schlecht behandelt wurde. Vom Schlachter Krempien bekam der Alte immer ein paar Knochen für seinen tierischen Gehilfen.
Nicht nur der Hundeführer war scharf auf Pferdemist, eigentlich alle, die einen Schrebergarten hatten. Sie brauchten den Naturdünger. So auch meine Großmutter, die im Nebenhaus wohnte und darum „Nebenoma" gerufen wurde. Im Gegensatz dazu hieß die Oma, die über uns wohnte, „Obenoma".

Die Nebenoma hatte einen Garten im „Gosewinkler Weg". Ich mochte den wilden Garten, wo Tausendschönchen und Gänseblümchen die Wege überwucherten. Mit den Erdbeerbeeten nahm die Nebenoma es aber genau. Die Pflanzen brauchten viel Dünger. Also sammelte sie emsig Pferdemist. Widerwillig unterstützte ich sie manchmal beim Transport des „kostbaren Gutes" in den Garten. Mit zum Boden gesenkten Kopf schob ich das dreirädrige Gefährt, an dessen Lenker der „Mistbeutel" baumelte. Vergessen war die Schmach, wenn die köstlichen Früchte geerntet wurden. Die auf dem Mist gewachsenen Erdbeeren aß ich mit Vergnügen.

Zwei Häuser weiter, Richtung Reiferbahn, ging es oft lebhaft zu. Frau Dahl betrieb dort eine kleine Milchhandlung im Hochparterre. Regelmäßig hielt ein Lieferwagen vor dem Haus. Kräftige Kerle mit derben Lederschürzen vor dem Bauch, luden mit Getöse Milchkannen, wagenradgroße Käselaibe, Butterblöcke und Fässer mit Quark vom Anhänger des Pferdegespannes ab, schleppten die Last über die steilen Stiegen in das winzige Lädchen der kleinen molligen Milchfrau. Dabei geriet die Spitzfamilie der Händlerin außer sich. Wie toll sprangen die fünf giftig kläffenden weißen Wollknäuel zwischen den stämmigen Beinen der Lieferanten umher. Ein Wunder, daß sie nicht getreten wurden. Sie beruhigten sich nur langsam.
In dem kleinen Ladenraum roch es säuerlichfrisch. Täglich mußte Frischmilch gekauft werden, denn einen Eisschrank besaß fast niemand. Ich stellte mich gerne mit der zerbeulten Dreiliterkanne aus Blech in die Warteschlange zwischen die Erwachsenen, die

sich den neuesten Klatsch und Tratsch erzählten.
In guten Zeiten füllte Frau Dahl die Kanne mit Vollmilch. Je weiter der Krieg fortschritt, desto öfter gab es nur Magermilch, später Molke und schließlich gar nichts mehr, weil 1945 die Versorgung völlig zusammenbrach.

(Bereits 1942 kam es zu ersten Kürzungen von Lebensmitteln, Kartoffeln wurden rationiert. Im Jahr 1944 betrugen die wöchentlichen Rationen für Erwachsene z. B. :
2.350 g Brot - 250 g Fleisch - 215 g Fett, wobei für Fleisch und Fett oft Ersatzprodukte ausgegeben wurden.)

Das Haus, die Straße waren das sichere Umfeld meiner ersten Lebensjahre. Ich fühlte mich geborgen und konnte mich frei entfalten.
Wir jagten uns beim Treibball durch die Straße, veranstalteten Wettrennen mit Rollschuhen oder Roller, balancierten Trünnelreifen (alte Fahrradfelgen) über die Gesteige, peitschten die Kreisel, spielten Hüpfe, waren glücklich über Siege, überwanden spielerisch Ängste, übten uns in Geduld, auch beim Spiel: „Teddybär, Teddybär, dreh dich um,

Teddybär, Teddybär, mach dich krumm". Im monotonen Singsang wiederholen wir die vielen Strophen. Zwei Mitspieler schwangen das Seil, während ein dritter solange darüber sprang, bis er sich verhedderte und „ab" war. Dann wechselte ein Schwinger zum Springer usw.

In den ersten Lebensjahren drang nicht viel von der Außenwelt auf mich ein. Die Kinder befreundeter Familien waren Freunde. Man wohnte eng mit vielen Verwandten zusammen, machte Ausflüge, feierte gemeinsam, teilte sich die Sorgen mit, machte einander Mut. Das Leben schien sich in einem Mikrokosmos abzuspielen.

Damit war es jäh zu Ende, als im letzten Kriegsjahr Flüchtlingstrecks die Straße verstopften und die vielen elenden entkräfteten Menschen um Essen, Hilfe, Unterkunft baten. Woher kamen sie alle? Aus der „kalten Heimat", tuschelte man sich zu. Wo war die kalte Heimat? Verängstigt beobachteten wir die fremden Menschen durch die Fensterscheiben. Alle mußten zusammenrücken, damit die Flüchtlinge unterkamen.
Meine Mutter nahm eine alte kranke Frau

mit Tochter aus Stettin auf. Sie zogen irgendwann weiter. 250.000 Flüchtlinge, Verwundete, Soldaten, Überlebende aus Konzentrations- und Gefangenenlagern strömten 1944/45 in Schwerin zusammen. Die Stadt war rettungslos überfüllt. Die Versorgungslage schien unlösbar.

Endlich in der Schule

Am 1. September 1943 legte ich ängstlich und erwartungsfroh zugleich, Hand in Hand mit den Eltern, zum ersten Male den fünfminütigen Weg zu meiner Schule zurück.
Auf dem Schulhof der „Roon-Mädchenschule" sammelte sich die Schar festlich gekleideter ABC-Schützen. Irgendwie ähnelten sich die sechsjährigen Mädchen. Man spürte den Mangel der Kriegsjahre vor allem an der Kleidung. Die Mütter hatten gestrickt, gehäkelt, gestickt, Sachen von Erwachsenen aufgetrennt, gewendet und neu zusammengeschustert, ihr möglichstes getan, um die Sprößlinge herauszuputzen. So war auch ich ausstaffiert mit einem karierten Faltenrock, in dem die Falten nicht hielten, komplettiert mit selbstgestricktem Pulli und herunterrutschenden weißen Kniestrümpfen mit Bommeln. Derbe braune Halbschuhe verwischten damals jeden Anflug von mädchenhafter Grazie. Zu Ehren des Tages trug ich die Zöpfe zu „Affenschaukeln", mit Schleifen hochgebunden. Der Oberkopf war mit einem „Hahnenkamm" verziert.
Mutter berichtete, daß sie die letzten Jahre ihrer Schulzeit ebenfalls Schülerin dieser

Schule gewesen sei. Sie lächelte den Vater an und sagte: „Als ich hier die Mittlere Reife ablegte, verliebten wir uns ineinander." Sie kannte aus jener Zeit den Rektor, Herrn Kaben und einige Lehrerinnen. Laut Adreßbuch der Landeshauptstadt 1941 waren in der Mädchenschule Roonstraße 9 zum Zeitpunkt meiner Einschulung folgende Lehrerinnen dort tätig: Frieda Peters, Agnes Stegemann, Irma Schaumburg, Clara Grünwald, Elisabeth Müller, Anneliese Daehn, Margarete Langklas und Anna Daum.

So wurde ich Schülerin der Volksschule in Schwerin, Kreis Schwerin Stadt, Land-Reichsgau Mecklenburg-Vorpommern. Feierlich übergab man den ABC-Schützen ein Zeugnisheft mit folgenden Mitteilungen an die Eltern:

Jedes Schulkind erhält ein Zeugnisheft unentgeltlich. Ein verlorenes oder unbrauchbar gewordenes Heft muß von den Eltern oder ihrem Stellvertreter ersetzt werden. Das Heft bleibt Eigentum der Schule, solange das Kind die Schule besucht. Bei einem Wechsel der Volksschule geht es in den Besitz der neuen Schule über.

Die Eltern werden gebeten, die Zeugnisse gebührend zu beachten und sich an den Klassenlehrer zu wenden, wenn sie nähere Erläuterungen wünschen.

Die Führung und Haltung der Kinder werden mit folgenden Noten bewertet:
> *Sehr gut*
> *Gut*
> *Im ganzen befriedigend*

Hat das Verhalten des Kindes in Führung und Haltung, beim Anfertigen der häuslichen Arbeiten, bei der Mitarbeit im Unterricht während des abgelaufenen Jahres wiederholt zu Beanstandungen Anlaß gegeben, so wird dies zusätzlich oder an Stelle der Bewertung durch Noten vermerkt.

Für die Bewertung der Leistungen gelten folgende Leistungsstufen:
> *Sehr gut*
> *Gut*
> *Befriedigend*
> *Ausreichend*
> *Mangelhaft*
> *Ungenügend*

Nach diesen Leistungsstufen wird auch die allgemeine körperliche Leistungsfähigkeit bewer-

tet. Dagegen werden die Leistungen in den einzelnen Übungsgebieten der Leibeserziehung durch besondere Leistungsnoten in der Reihe 1 bis 9 bewertet. Diese Leistungsnoten bezeichnen den erreichten Schwierigkeitsgrad der für die Altersstufe in Frage kommenden Übungen. Die Note 1 kennzeichnet die geringste, die Note 9 die beste Leistung.

Ich packte das Zeugnisheft erst einmal weit weg. Es interessierte mich noch nicht. Ich wollte viel lernen, alles besonders gut machen und doch gelang mir am Anfang gar nichts, wahrscheinlich, vor lauter Angst, es nicht gut genug zu machen. Total verkrampft kritzelte ich mit dem Griffel auf der Schiefertafel, mußte immer wieder die mißlungenen Versuche mit dem Schwamm wegwischen. Meine ungeduldige Mutter meinte, ich würde wohl niemals schreiben und lesen lernen. Ich war nicht unbegabt, aber mir fiel auch nichts zu. Irgendwann platzte der Knoten und ich schloß das erste Schuljahr am 03.07.1944 mit guten Noten ab.

Versetzt nach Klasse 3b lautete die letzte Eintragung vom 13.07.1946 in besagtem Zeugnisheft.

Die Schulära des „Tausendjährigen Reiches" war beendet.

Zeugnisse
der
Deutschen Volksschule

Zeugnisse
der Deutschen Volksschule

für

Hannelore Baarß

geb. am 15.6. 1937

in Schwerin

Kreis

Sohn, Tochter de Mechanikermeisters
Richard Baarß

in Schwerin

Das Zeugnisheft erhielt ich bei der Einschulung 1943

in

Kreis

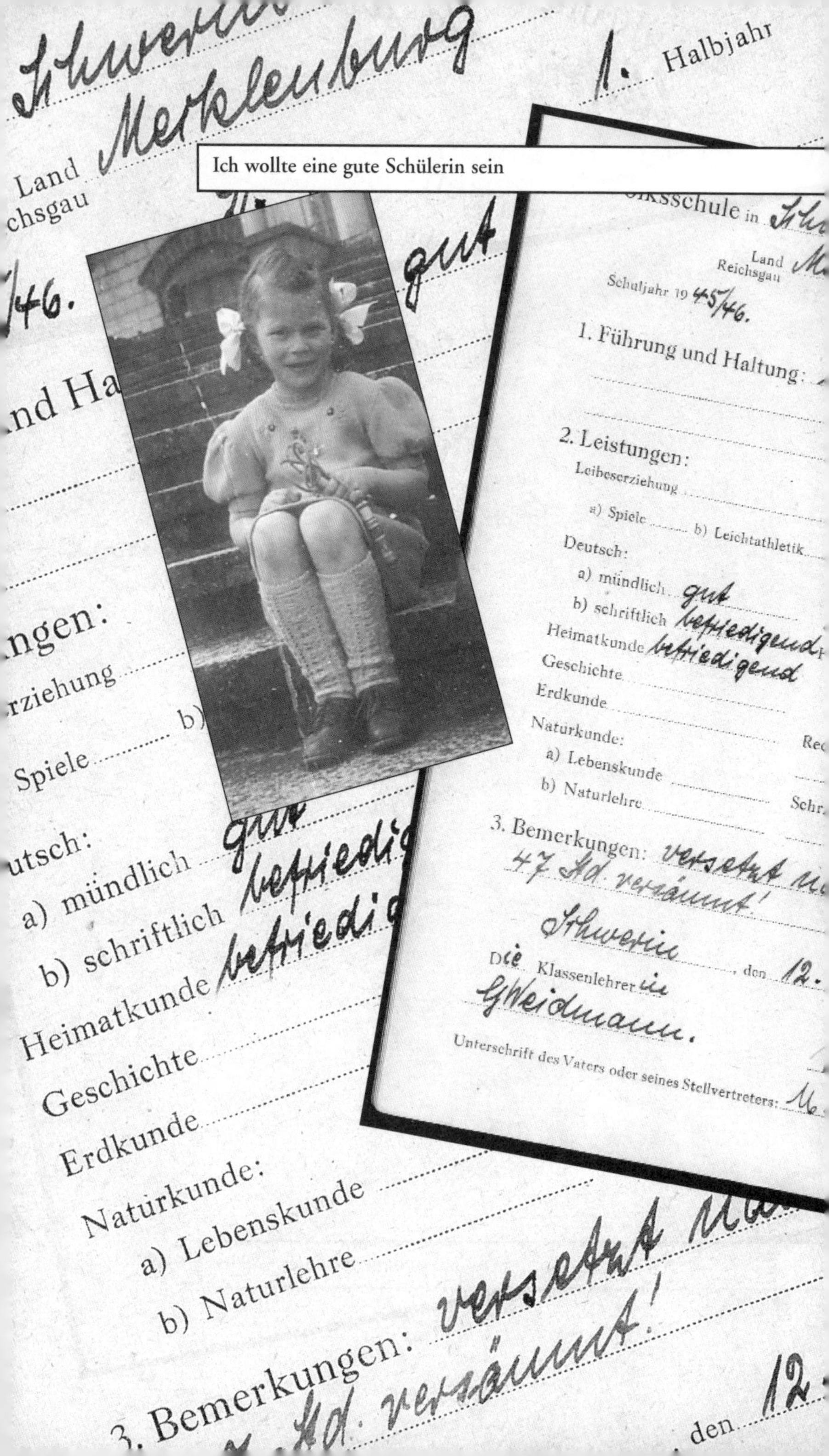

Ich wollte eine gute Schülerin sein

Volksschule in Schwerin Kr. Schw.-

Land / Reichsgau Mekl.-Vorpom.

Schuljahr 19 46. 2. Klasse 2. Halbjahr

1. Führung und Haltung: H. ist gut begabt und fleißig; sie arbeitet stets rege mit.

2. Leistungen:

Leibeserziehung

a) Spiele _____ b) Leichtathletik _____ c) Schwimmen _____ d) Turnen _____

Deutsch:
a) mündlich gut
b) schriftlich befriedigend

Heimatkunde befriedigend
Geschichte
Erdkunde

Naturkunde:
a) Lebenskunde
b) Naturlehre

Musik gut
Zeichnen und Werken
Hauswirtschaft:
a) Handarbeit
b) Hauswerk
Rechnen und Raumlehre gut
Schrift befriedigend

3. Bemerkungen: Versetzt!

Schwerin , den 13. 7. 19 46.

Die Klassenlehrerin
G. Heidmann.

Die Rektorin

Unterschrift des Vaters oder seines Stellvertreters

Versetzungszeugnis - 1946

Die Nachricht

An einem Tag im März 1945 klingelte es an der Wohnungstür. Ich war alleine zu Hause und hatte strenge Order, keinen Fremden hereinzulassen.
„Wer ist da?", fragte ich weisungsgemäß gegen die verschlossene Tür. „Wo ist deine Mutter?, ich habe einen Brief für sie, den ich ihr persönlich geben muß", ertönte eine Männerstimme von draußen.
Alle Verbote außer Acht lassend, riß ich die Tür weit auf. „Hast du etwa Post von meinem Vati? Wir warten schon so lange darauf. Da wird die Mutti sich aber freuen. Komm, ich bringe dich zu ihr", sprudelte ich dem Postboten entgegen, ergriff seine Hand und führte ihn auf den Hof.

Hinter der Waschküche standen meine Mutter und Tante Klara am Sägebock. Sie versuchten mit äußerster Kraftanstrengung die Bügelsäge durch dickes Stammholz zu ziehen. Die selbst gefällten Bäume sollten zu Kloben zersägt und später mit einer großen Axt zu Feuerholz gespalten werden. Aus den Holzscheiten bauten wir Kinder dann Vorratsmieten.

Die Frauen verrichteten harte Männerarbeit, der ihnen den Schweiß auf die Stirn trieb. Sie wollten gerade einen neuen Stamm auflegen, als ich mit dem Fremden erschien.

„Mutti, stell dir vor, der Mann hat einen Brief für dich, bestimmt von Vati. Freust du dich?" Ehe Mutter antworten konnte, ergriff der Bote das Wort: „ Liebe Frau, ich habe einen Einschreibebrief für sie, wenn sie bitte hier unterschreiben würden. Hoffentlich bringe ich keine schlechte Nachricht!?" Wie geistesabwesend quittierte Mutter den Erhalt des Briefes. Der Mann nestelte die große Ledertasche zu und verabschiedete sich mit einem leisen „Heil Hitler". Er strich mir verstohlen über das Haar und ging.

Warum riß Mutti den Brief nicht auf? Sie stand wie versteinert mit hängenden Schultern da, starrte vor sich hin. Auch die sonst so fröhliche Tante wirkte verstört.
Eine merkwürdige Scheu hielt mich davon ab, meine Mutter anzusprechen oder anzurühren. Ganz langsam setzte sie sich plötzlich in Bewegung, drehte sich nicht um und verschwand im Haus. Sie kam nicht wieder. Wo blieb sie nur so lange ?

Sie saß am Schreibtisch. Der Brief lag vor ihr. Sie nahm die Brille ab und weinte lautlos vor sich hin. Allmählich sank ihr Kopf auf das Schriftstück. So traurig hatte ich die Mutti noch nie erlebt. Verstört schlich ich hinaus. Was war geschehen?

Erst am Abend teilte Mutter meinen beiden Brüdern und mir sehr ernst und gefaßt mit, was in dem Brief stand. Unser Vati sei seit Januar 1945 vermißt. Was bedeutete das? Sie versuchte zu erklären: „Ihr müßt euch vorstellen, daß euer Vater im Augenblick nicht gefunden werden kann. Er ist verschollen, irgendwo in Oberschlesien, an der Kriegsfront. Polen, Deutsche, Russen kämpfen dort in diesem verfluchten Krieg gegeneinander. Keiner weiß, ob Vati noch lebt."
Der elfjährige Bruder meinte: „Er kann sich aber auch irgendwo versteckt haben und kommt erst wieder hervor, wenn der Krieg zu Ende ist, oder?" Der kleine Fünfjährige, unser Nesthäkchen, kroch auf Mutters Schoß, versteckte seinen Kopf an ihrer Schulter, begann zu weinen. „Vati soll wieder kommen und mein Spielzeug heilmachen. Das hat er versprochen", trumpfte er unter Schluchzen auf. „Nun hört mal zu, Kinder,

vermißt heißt ja nicht, daß unser Vater für immer verschwunden oder gar tot ist. Wir wollen uns das Leben nicht noch schwerer machen, als es schon ist und ganz fest hoffen, daß Vati eines Tages in der Tür steht. Wir können doch gar nicht ohne ihn leben. Er muß einfach wiederkommen!" Damit gab sie sich einen Ruck und bat, sie ein wenig alleine zu lassen.
Vermißt ist nicht gestorben, er kommt zurück, ging es mir pausenlos durch den Kopf.

Jahrelang glaubte und hoffte ich, rannte zu jedem Heimkehrerzug, der am Bahnhof einfuhr und suchte die vertraute Gestalt in dem Menschengewühl. Andere lagen sich, Freudentränen vor Wiedersehensfreude vergießend, in den Armen. Ich schlich enttäuscht nach Hause. Ich suchte meinen Vater ein Leben lang. Er fehlte sehr.
Meine zweiunddreißigjährige Mutter übernahm klaglos die Pflichten beider Elternteile.

Vermißtenmeldung - Abwicklungsstab 6. März 1945

Fliegeralarm

An jenem frühlingswarmen Tag wurden wir nach der ersten Schulstunde wieder nach Hause geschickt. Das war fast jeden Tag so. Nicht böse über den Schulausfall, sauste ich los. Kaum war der Ranzen in die Ecke gepfeffert, stürmte der Große ebenfalls zur Tür herein. Da fingen die Sirenen an zu heulen. Die gellenden auf- und abschwellenden Heultöne machten Angst. Sie warnten vor Feindeinwirkungen und forderten alle auf, sofort den Luftschutzkeller aufzusuchen.

Meine Mutter nahm die täglichen Fliegeralarme nicht so richtig ernst. Auch an dem bewußten Tag sah sie nur kurz von der Nähmaschine auf und sagte: „Wozu in den Keller gehen? Lieber über der Erde bleiben, als unter Trümmern lebendig begraben werden." Die Nähmaschine wurde wieder in Gang gesetzt. Dem Großen verbot sie aber, auf den Dachboden zu steigen. Er wollte von dort, wie so oft, die feindlichen Flugzeuge aus größtmöglicher Nähe beobachten.
„Du weißt, das ist streng verboten und viel zu gefährlich", wies sie ihn zurecht. Maulend zog er mit seinem Indianerbuch ab. Der

Kleine spielte mit Pferdchen auf dem Fußboden. Ich hantierte in der Puppenstube.
Plötzlich erstarrten wir alle vor Schreck. Wie Tiere, die Gefahr wittern, verharrten alle zur gleichen Zeit in ihrer Tätigkeit. Eine ungeheure Druckwelle zerdrückte die Fensterscheiben. Die Fensterflügel schlugen krachend gegen die Wand. Glassplitter flogen durch den Raum. Sie piekten sich in Haaren, Kleidung und Polstermöbeln fest. Dumpfes Gedröhn erfüllte die Luft und kam immer näher. Es wurde dunkel und stickig warm. In panischer Angst klammerten wir uns an die Mutter. Sie nahm den Kleinen auf den Arm, riß den Großen und mich aus der Wohnung und stürzte mit uns die Kellertreppe hinunter. Aus allen Wohnungen der drei Stockwerke drängten angstgepeitschte Frauen und Kinder zum Luftschutzkeller. Er lag in der hintersten Ecke des rechten Kellerganges, war eigentlich unser Vorratskeller. Mein Bücherfreund aus der dritten Etage stolperte atemlos als Letzter in den Schutzraum. Die schwere Eisentür flog krachend zu. Das elektrische Licht flackerte kurz auf und erlosch. Es war am hellichten Tag stockdunkel. Instinktiv drängten alle vom Fenster in Richtung Tür. Ein Höllenlärm brach los.

Schwere Gegenstände wurden gegen das Fenster geschleudert. Der eindringende Staub verursachte Husten. Ich war fast besinnungslos vor Angst und Entsetzen, wimmerte, schrie und näßte ein.
Wie lange dauerte der Spuk? Sekunden, Minuten, Stunden? Mir kam es wie eine Ewigkeit vor, das Zeitgefühl war weg. Die plötzliche Stille war genauso gespenstisch, wie der noch eben tobende Höllenlärm. Die Hausbewohner befreiten sich nur langsam von ihrer Erstarrung. Keiner wagte, den anderen anzusehen. Alle dachten voller Verzweiflung das Gleiche: Wir sind verschüttet. Niemand öffnete zunächst die schwere Eisentür. Was erwartete uns dahinter? Jeden Moment konnte das Inferno wieder über uns kommen.
Die Obenoma faßte sich schließlich ein Herz, sagte leise: „Ich bin die Älteste. Ich werde hinauf gehen und nachsehen, was passiert ist. Hauptsache, den Kindern geschieht nichts."
Sie verschwand. Wir warteten schweigend auf ihre Wiederkehr. Wie es schien, eine Ewigkeit. Wie weit mag sie gekommen sein? Was wird sie vorgefunden haben? Warum kam sie nicht zurück?, wirbelten die Gedanken durcheinander.

Meine Mutter hielt die Ungewissheit nicht länger aus. Sie folgte der Schwiegermutter. Wir Kinder drängelten hinterher. Das Haus stand ja noch! Im Treppenhaus lagen Staub, Dreck und Bauschutt. Wir waren nicht verschüttet! Neugier und Abenteuerlust trieben auch mich voran. Im Hof stand die Oma. Sie starrte mit leerem Blick in die Richtung, wo einst die Schlosserwerkstatt und das Hinterhaus gestanden hatten. Dort klaffte ein großes Loch, ein Bombentrichter. Mit vulkanischer Gewalt waren aus dem Krater Bautrümmer sowie Einzelteile in die Luft geschleudert worden, weit über unser Grundstück hinaus. In Nachbargärten hingen Fahrzeugteile und Schlosserzubehör in den Obstbäumen. Wir standen fassungslos in der Verwüstung. Die Obenoma wischte mit dem Handrücken über die Augen. „Bloß gut, daß Heinrich das nicht mehr erleben mußte. Die Werkstatt war sein Leben", flüsterte sie und ging.
Langsam wagten gute Freunde, Bekannte und Nachbarn aus der Straße, nach uns zu sehen. Die Freude war groß, als sie uns lebend vorfanden. Sie hatten mit dem Schlimmsten gerechnet. „Seid froh, daß nur die Werkstatt und nicht das Vorderhaus ge-

troffen wurde. Nach dem Krieg kann sie wieder aufgebaut werden. Hauptsache, ihr lebt und es fallen keine Bomben mehr!", schwirrte es durcheinander.
Leicht gesagt, wird meine Mutter gedacht haben. Der Mann vermißt, die Existenzgrundlage vernichtet, leere Kassen, drei kleine Kinder, immer noch Krieg, wie soll es weitergehen?

Am 7. April 1945 bombardierten amerikanische und englische Flugzeuge Schwerin. Ein großer Teil des Südwestviertels an der Eisenbahnlinie nach Görries wurde zerstört, d.h. in der Stift-, Schäfer- und eben auch in der Fritz-Reuter-Straße sanken Häuser in Schutt und Asche.
Ebenfalls das nahe gelegene Straßenbahndepot in der Wallstraße mit Werkstätten, Wagenhallen und fast der gesamte Wagenpark wurde zerstört. Es gab keinen heilen Straßenbahnwagen sowie Omnibus mehr. Ein Schaden von 800.000 Mark entstand der Stadt. Der Verkehr kam zum Erliegen.

Makaber war die Bombardierung des gegenüber liegenden städtischen Friedhofes, jetzt „Alter Friedhof". Aus aufgerissenen Gräbern

wurden Tote umhergewirbelt, Leichenteile und Grabschmuck hingen in den Bäumen.
Der große Bruder erzählte mit Genuß halb wahre Schauermärchen von Toten und Geistern, die er auf dem Friedhof gesehen haben wollte. Nächtelang träumte ich davon.
Der Schock saß allen tief in den Gliedern. Jeden Augenblick konnten die Bomber wiederkommen. Einfach weiterleben wie bisher? Nein! Nichts wie weg, raus aus dem Häusermeer, das jederzeit über uns zusammenbrechen konnte. Wenn schon sterben, dann in freier Natur!
Kopflos flüchteten wir in den Schrebergarten an den Lankower See. Die Gartenlaube war für Daueraufenthalt nicht eingerichtet, also wieder nach Hause.
Der „Sandkrug", ein kleines Hotel, Fritz-Reuter-Straße/Ecke Sandstraße, vollgestopft mit Flüchtlingen, die dachten, endlich dem Schlimmsten entronnen zu sein, war auch bombardiert worden. Unter den Trümmern kämpften viele Verschüttete um ihr Leben. Rettungsmannschaften waren pausenlos im Einsatz.

Ein paar Häuser weiter lag ich schweißgebadet im Bett, konnte nicht schlafen, weil ich die nach Luft schnappenden Menschen vor mir sah. Die auf ihnen lagernden Steine wälzten sich auf meine Brust. Noch lange Jahre danach quälte mich regelmäßig ein Albtraum. Lawinenartig prasselten Steinmassen auf mich nieder. Ich bekam keine Luft, geriet in Panik. Kurz vor dem Ersticken wachte ich weinend auf und war lange nicht zu beruhigen.

Die Erstickungsangst ist bis heute geblieben. Niemand darf meinen Kopf aus Spaß im Wasser untertauchen und mein Gesicht mit einem Tuch oder Kissen zudecken. Ich gerate außer mir, verliere die Kontrolle über mich.

Meine Großtante Eugenie wohnte in der Gartenstraße. Dort war ein gefährlicher Blindgänger hinter dem Haus niedergegangen. Die Bewohner des Hauses mußten bis zu seiner Beseitigung evakuiert werden. Natürlich rückten wir zusammen und nahmen die Familie auf. Die Lage spitzte sich bedrohlich zu.

Gab es überhaupt noch einen sicheren Ort in der Stadt in jenen chaotischen letzten Kriegswochen? Vielleicht war man auf dem Lande besser aufgehoben? Die Verwandten in

Dümmer würden uns sicher aufnehmen und ein paar Lebensmittel rausrücken. Mutter und Tante Klara machten sich auf den Weg. Die entkräfteten Frauen beluden ihre klapprigen Fahrräder mit jeweils zwei Kindern. Eines vorne ins Körbchen, das andere hinten auf den Gepäckträger. Nur mein großer Bruder fuhr selbst. Sein Rad blieb beim Bombenangriff unversehrt, weil es im Kellergang gestanden hatte.

Hätten die Frauen geahnt, worauf sie sich einließen, wären sie zu Hause geblieben.

Ein Fahradausflug nach Dümmer war früher ein beliebtes Wochenvergnügen der Familie. Es wurde gescherzt, gelacht, die Zeit verging wie im Fluge.

Jetzt wollte die Fahrt kein Ende nehmen. Tiefflieger jagten über die einsamen Landstraßen, zwangen zum Abspringen, trieben uns in die Straßengräben, wo die siebenköpfige Schar, wie Hasen an die Erde gedrückt, wartete, bis die Gefahr vorüber war. Das Auf- und Abspringen von den Rädern funktionierte fast mechanisch.

Wovor flohen wir eigentlich? War diese Höllenfahrt nicht noch schrecklicher, als das eingeschlossene Warten in der Stadt?

Nur weiter, endlich in eine sichere Behausung, zu Menschen. Auf halber Strecke erfüllte sich der Wunsch. Ein Bauer gestattete uns Flüchtigen mitleidig eine Verschnaufpause in seiner Scheune. Wir fielen ins Stroh. Die Tiefflieger donnerten durch die Luft. Das verursachte einem offensichtlich geistig behinderten halbwüchsigen Sohn des Bauern wahnsinnige Angst. Er lag zitternd und wimmernd in einer Ecke. Plötzlich sprang er auf, griff nach einer Forke, richtete sie gegen uns, fuchtelte, wie von Sinnen damit herum, daß wir dachten, er wolle uns mit den spitzen Zinken durchbohren. Die Urlaute seiner Angst vermischten sich mit dem Geheul der Flieger. Schnell weg und den begonnenen Weg zu Ende bringen, war die Devise.

Endlich war Dümmer erreicht. Die Straßen menschenleer. Sicher beäugten einige Dorfbewohner hinter zugezogenen Gardinen mißtrauisch die Einfahrt der kläglichen Truppe. Hoffentlich wollen die nicht zu uns! Vor dem ebenerdigen Haus von „Minetanten", welches sie mit ihrer Tochter Elsa bewohnte, brauchten wir nicht lange zu warten. Die kleine, leicht gebeugte Alte huschte mäuseflink auf uns zu. Sie trug, wie gewohnt, eine schwarze Wickelschürze und

das zirpsige dünne Haar als „Zwiebelchen" auf dem Hinterkopf zusammengedreht. Die Hände zusammenschlagend rief sie mit heller Stimme: „Mein Gott, ihr lebt! Wie kommt ihr denn her? Elschen, komm schnell. wir haben Besuch. Du wirst staunen." Tante Elsa musterte wohlwollend die verstaubten Gestalten. Sie strahlte Freundlichkeit aus. Das machten vor allem die hellen freundlichen Augen. Eine schöne, wohlproportionierte Person im besten Frauenalter. Hinter vorgehaltener Hand wurde gemunkelt, daß sie ein spätes Mädchen und ihr keiner gut genug sei.
„Ihr seht ja aus, wie magere Katzen", rief sie beim Händeschütteln. „Kommt schnell herein und setzt euch. Ihr habt bestimmt großen Hunger." Hurtig deckten „Minetanten" und Elschen den Tisch, stellten eine große Schüssel mit „Himmel und Erde" in die Mitte, gossen selbst gemachten Apfelsaft in Gläser und sahen zu, wie wir über das geliebte Mecklenburger Gericht aus Äpfeln, Kartoffeln und ausgebratenem Speck herfielen. In Windeseile war alles verputzt. Tante Elsa, die Handarbeitslehrerin, hielt sehr auf gutes Benehmen, aber heute schüttelte sie nur leicht den Kopf, als wir sogar die Teller ableckten.

Die Frauen tauschten Neuigkeiten aus und beratschlagten, wie es weitergehen sollte, wie lange sie sieben Personen in ihrem begrenzten kinderlosen Haushalt beherbergen könnten.
Wir Kinder stoben gesättigt durch Haus und Garten. Auf der großen, mit Zwergobstbäumen bestandenen Wiese, jagte ich ein Küken. Endlich erhaschte ich den goldgelben wolligen Winzling. Das süße Angstbündel duckte sich in meiner Hand. Ich spürte das pulsende kleine Herz, streichelte beruhigend über die Flaumfedern und brach in hemmungsloses Schluchzen aus. Wer hatte mehr Angst? Ich ließ das Küken schnell frei und fürchtete mich weiter.
Lange konnten wir nicht bei den Tanten bleiben. Die Rücktour gestaltete sich noch grausiger als die Hinfahrt. Wieder brausten Tiefflieger dicht über unsere Köpfe hinweg. Manchmal vermeinte man, das Gesicht des Piloten erkennen zu können. Fast taub machte der nahe Motorenlärm. Stumpf vor Todesangst gelangte „das Fähnlein der sieben Ausbrecher" am 25. April 1945 wieder an den Ausgangspunkt, die Fritz-Reuter-Straße 44. „Gott sei Dank, wieder zu Hause!" Nichts würde uns mehr von hier fortbringen.

Das Unheil lauerte schließlich überall. Mit der Hoffnung auf ein wenig Glück sollte nun das absehbare Ende des Krieges hier abgewartet werden. Die Obenoma hatte nicht vergessen, daß meine Mutter am Tage der Rückkehr ihren 33. Geburtstag beging. Treusorgend hatte sie eine köstliche Torte aus Kaffeersatz gezaubert.

In den letzten Kriegstagen ereignete sich darüber hinaus etwas Unfaßbares in Schwerin, worüber in allen Familien gesprochen wurde:

Amerikanische und sowjetische Truppen befanden sich bereits vor Schwerin.
Bis Raben Steinfeld waren bereits Tausende KZ-Häftlinge getrieben worden.
Am 2. Mai 1945 gelangte Marianne Grunthal mit einem Flüchtlingstreck bis Schwerin-Zippendorf. Sie hörte aus einer Menschengruppe heraus, wie viele andere auch, den Ruf „Hitler ist tot". Die pensionierte, sehbehinderte Lehrerin sagte leise vor sich hin: „Gott sei Dank, dann gibt es endlich Frieden!" Sie sah nicht das SS-Leute ihrer Nähe waren.
Diese packen und schlagen die arme Frau, zerren sie in ein Militärfahrzeug und bringen

sie zum Bahnhof. Man bindet ihr ein Pappschild um, auf dem steht: „Verräterin des Volkes" und hängt sie an einem Mast auf.

Was wird in den Menschen vorgegangen sein, die schweigend dem Verbrechen zusahen?
Marianne Grunthal, nach dem der Bahnhofsplatz benannt wurde, sprach doch nur aus, was Abertausende dachten.

Am 9. Mai 1945, 00:16 Uhr kapitulierte Gesamtdeutschland in Berlin-Karlshorst. Der Krieg war zu Ende. Am 11. Mai 1945 wurde Gauleiter Hildebrand verhaftet.
Verwandte, Nachbarn, Freunde fielen sich in die Arme. „Wir wollen das ganze Leben nur noch Wasser und Brot essen, wenn nur kein Krieg mehr kommt!" Das hörte ich die Menschen immer wieder ausrufen. Besorgte Meinungen klangen auf, „Was wird man mit uns Deutschen machen? Wenn die Sieger uns vergelten lassen, was die Deutschen ihnen angetan haben, werden sie uns die Haut in Stücken runterreißen." Das hörte sich furchterregend an. Zunächst überwog jedoch die Freude. Das Kriegsende kam mir wie ein Aufbruch aus dem Dunklen in das Licht vor.

Keine Verdunkelung mehr, Kerzen in den Fenstern, fröhliche Menschen. Es wurde gelacht, getanzt, gesungen, vor Freude geweint. Weiße Bettlaken flatterten aus einigen Fenstern. Wir lebten!

Plötzlich war alles ganz anders!

Einschüchterungsversuch durch Warnplakat, 1944

Das Straßenbahndepot nach dem Luftangriff 1945
Tante Else aus Dümmer

Die Russen kommen

„Geht nicht alleine in die Stadt, laßt euch nicht von fremden Menschen ansprechen, sagt immer Bescheid, wo ihr seid, bei wem ihr spielt...", mahnte die Mutter ständig. Mit Recht aus heutiger Sicht, aber damals folgten wir nur widerwillig. Es passierte zu viel Interessantes in jenen unsicheren Zeiten, wo es um das nackte Überleben in der überfüllten Stadt ging.

Im Mai 1945 hatten die Einheiten der 8. amerikanischen Infanteriedivision kampflos Schwerin besetzt. „Nette Burschen, die Amis, sogar ganz schwarze Neger sind dabei. Sie verschenken Schokolade und Kaugummi", berichtete der Große. Er setzte sich, so oft er konnte, über die Verbote der Mutter hinweg und ging auf Erkundung. Die Amerikaner zogen ab, bevor ich gut behütetes kleines Mädchen, einen zu Gesicht bekommen hatte.

Eines Tages signalisierte die nette Milchhändlerin von nebenan, sie wolle die Butterbestände an gute Kunden verteilen, bevor sie in verkehrte Hände kämen. Mutter schleppte, so viel sie von der Rarität bekommen konnte, an. Die Butterberge wurden gesalzen, in Steintöpfe gepresst, im Keller kalt gestellt und so sparsam verbraucht, daß der Rest unbrauchbar ranzig wurde.

Jetzt sind die Engländer einmarschiert. Arrogante Kerle, die nichts mit uns zu tun haben wollen, hieß es einen Monat später. Am 3. Juni 1945 trat die britische Besatzungsmacht an die Stelle der amerikanischen.
Man hortete alles, dessen man habhaft werden konnte. Lager wurden geplündert. Der Große war dabei.
Er „organisierte" z.B. Fallschirmseide vom nahegelegenen, nun verwaltungslosen Flugplatz in Görries.
Die weißen schmalen feineren Streifen nähte Mutter kunstfertig, aber sehr mühevoll, zu einer Stoffbahn zusammen, aus der eine elegante Bluse entstand. Ich bekam aus dem gröberen feuerroten Gewebe ein Sonntagskleid mit vielen Säumen im Rock. Jahr für Jahr wurde ein Saum ausgelassen. Ich wirkte in dem auffallenden feuerroten Gewand wie ein wandelnder Klatschmohn. Daran änderte auch die weiße Stickerei am dirndlmäßig geschnürten Oberteil nichts.

Über dem Torweg des Vorderhauses baumelte noch der große goldene Schlüssel und daneben ragte ein Miniaturfahrrad in die Luft. Zunftzeichen unserer Schlosserei und Mechanikerwerkstatt, die nun in Schutt und Asche lag. Der zerbombte Hof mit dem riesigen Krater mutierte zum Abenteuerspielplatz der Kinder des Hauses und der Nachbarschaft. Von hoch aufgeschichteten Bretterstapeln wagten wir den „Todessprung", schleuderten einander mit selbstgebauten Wippen in die Luft, errichteten Höhlen und Feuerstellen und spielten Verstecken.

Täglich förderten wir Kostbarkeiten aus dem Schutt zutage. Am begehrtesten waren die silbrig glitzernden Stahlkugeln, die eigentlich in Kugellager von Fahrrädern gehörten. Die Spielgefährten setzten alles daran, uns beim Murmelspiel die „Stahler" abzuluchsen. Werbelöschblätter von „Continental Reifen" konnte man ebenfalls sehr gut zum Tausch anbieten, z.B. bekam man manchmal sogar Oblaten fürs Poesiealbum, auch „Pösie" genannt, dafür. Auch damals bestimmten Angebot und Nachfrage das Geschäft. Bald gab es keine Tinte mehr. Die Löschblätter wurden uninteressant.

Wir Kinder wühlten voller Entdeckerlust in den Trümmern. Die Mütter taten das Gleiche aus Not und Verantwortung für die Zukunft. Mühsam bargen sie Nägel, Krampen, Schrauben, Muttern, befreiten Fahrradzubehörteile und Werkzeuge von Schmutz, sortierten Reifen, Schläuche, eben alles, was noch irgendwie brauchbar sein könnte aus der Schutthalde. In unserer engen Wohnung entstand so allmählich ein wertvolles Ersatzteillager. Vielleicht würde die Werkstatt, wenn die Männer aus dem Krieg zurückkämen, ja wieder aufgebaut!?

Ende Juni zogen die englischen und kanadischen Truppen aus Mecklenburg ab. Dafür rückte am 1. Juli 1945 die 70. Armee der Sowjetunion in Schwerin ein.

„Die Russen kommen!"

- hallte es entsetzt von Haus zu Haus. Alle schienen von Angst gejagt. Warum? Wenn die Russen uns vergelten lassen, was die Deutschen ihnen angetan haben, dann gnade uns Gott, schnappte ich in der aufgeregten Stimmung auf.
Wir verkrochen und verschanzten uns wie

die anderen Familien in der Wohnung. Dreimal überprüfte Mutter, ob die Wohnungstür auch wirklich verschlossen sei. Wir lugten neugierig nach draußen und sahen aus einigen Fenstern der Nachbarhäuser rote Fahnen baumeln. Ein rosaroter runder Fleck prangte an der Stelle, wo früher das Hakenkreuz aufgenäht war. Wo sollte man auch so schnell echte rote Siegerfahnen herbekommen?
Die Straße war im Nu menschenleer. Totenstille. Wir mußten den Beobachtungsposten am Fenster verlassen. „Seid mucksmäuschenstill, rührt euch nicht, geht weg vom Fenster", flüsterte Mutter auf uns ein. „Russen sind doch die bösen Untermenschen, die unsere Soldaten totgeschossen haben", meinte ich ängstlich fragend. „Bestimmt sehen sie wie Gespenster aus. Kleine Kinder sollen sie auch schlachten", verstärkte der Große die Furcht. Der Kleine begann prompt zu heulen, „Ich will aber nicht geschlachtet werden. „Hört mit dem Blödsinn auf. Die Russen sind Menschen wie wir", beschwichtigte Mutter. Sie wirkte sehr nervös, horchte beständig nach draußen. Nichts passierte.
Schließlich marschierten die Russen durch die sich tot stellende Straße. Willkommen geheißen hat sie niemand.

Nach Tagen löste sich der Bann. Die nachbarschaftliche Kommunikation wurde wieder aufgenommen, allerdings vorerst über die Hinterhöfe und Hausgärten. Die ersten wagten sich bald wieder auf die Straße. Das Leben ging weiter. Man tuschelte sich zu, daß die Russen wie die Raben klauten. Auf russisch mußte das „Zapzarap" heißen.
Zu Kindern sollten sie aber herzensgut sein und sogar von ihrem wenigen Kommißbrot an sie verschenken.

Im Sommer 1945 saßen wir am Mittagstisch und löffelten lustlos die wässrige Suppe aus Dörrgemüse. Der Hunger trieb sie hinein.
Plötzlich stand ein Mann in Uniform im Zimmer. Er wirkte streng. Seine Sprache klang hart. Wir verstanden kein Wort. Er redete zusehends ungehaltener und fordernder auf die Mutter ein. Wild gestikulierend rückte er immer näher. Der Kleine verkroch sich weinend unter dem Tisch. Als der Fremde die Mutter am Arm nach draußen zerrte, heulten wir alle drei: „Geh nicht weg, Mutti!" Eine Ewigkeit schien vergangen zu sein, bis die beiden sichtlich entspannter zurückkamen. Der Fremde hatte das kleine Fahrrad über dem Eingang als sicheres

Zeichen gewertet, in diesem Haus ein ebensolches in groß ergattern zu können. Zum Glück gelang es Mutter, ihm klarzumachen, daß dieses nicht möglich war, indem sie ihn auf den zerbomten Hof führte: „Alles kaputt, kaputti, kaputti." Er begriff und ließ von ihr ab. Nachdem er so viele Ersatzteile, wie er tragen konnte, aus den Regalen genommen hatte, strich er dem Kleinen, der wieder am Tisch saß, sogar über den Kopf. „Doswidanja", lautete die Verabschiedung, aber nicht endgültig. Er machte nochmals auf dem Absatz kehrt und fragte wieder laut fordernd: „Uhri, Uhri?"
Meine Mutter reichte ihm die wohl gehütete Taschenuhr unseres vermißten Vaters. Erst jetzt verschwand er. Mutter sackte mit weichen Knien auf den nächsten Stuhl.
„Wer war das?", fielen wir über Mutter her. „Ein russischer Offizier. Zum Glück wollte er bloß ein Fahrrad und die Uhr", sagte sie in eigenartigem Tonfall.
Russen sehen ja ganz normal wie wir aus, stellten wir verwundert fest. Das mußte ich sofort meiner Freundin erzählen. „Du kannst froh sein, daß ich noch lebe. Eben war nämlich ein Russe bei uns", stürmte ich auf sie zu.

„Die Russen kommen", dieser Ruf schallte später immer dann durch die Straße, wenn von Ferne Melodiefetzen und Pferdegetrappel zu hören waren. Aufgeregt schrien wir uns zu: „Schnell, schnell, kommt heraus. Wer weiß, wie der Tote heute aussieht."
Tatsächlich näherte sich ein Totenzug. Viele Russen starben gleich nach dem Krieg, fern der Heimat. Oft waren sie blutjung. Im weiß ausgeschlagenen offenen Sarg aufgebahrt, in Uniform, geschmückt mit Orden wurden sie, zumeist mit dem Panjewagen, transportiert. Eine Blaskappelle allen voran. Soldaten der Roten Armee im Geleit.

Wie Sieger sahen die abgehärmten Gestalten wahrlich nicht aus. Die Pferdedecken ähnlichen derb-grauen Uniformen schlotterten um die mageren Körper. Mit stumpfen kurzen Stiefeln stampften sie im Takt der Musik. Ihre starr nach vorne gerichteten Gesichter ließen keine Gemütsbewegung erkennen.
Wir drängelten uns, so weit es ging, an die Spitze des Zuges vor. Wir wollten unbedingt den Toten sehen und marschierten bis zum „Russenfriedhof" mit. Wenn wir unmittelbar neben Offizieren zum Stehen kamen, umwehte uns ein merkwürdig süß-betäubender

Parfümgeruch. Kritisch musterten wir die Russenfrauen in Uniform, die allgemein verächtlich als „Flintenweiber" betitelt wurden. Meistens warfen diese sich laut schreiend und klagend über den Toten, bevor der Sarg verschlossen wurde. Ich war mir nie ganz sicher, ob der zu Grabe getragene wirklich tot sei, oder nur schlief. Die Salutschüsse beendeten die Grübelei. Der Sarg glitt in die Erde. Mir lief ein Schauer über den Rücken. Geschichten von Scheintoten kamen mir in den Sinn. Die Zeremonie war zu Ende. Der Zug formierte sich in umgekehrter Richtung. Die Blechbläser spielten laut und grell. Die Soldaten stimmten wilde Gesänge an. In unseren Ohren klangen die fremden harten Weisen, wie: „Leberwurscht, Leberwurscht." In der Schule lernten wir, daß man zu Russen gar nicht Russen sagen durfte, denn alle Russen wären Sowjetmenschen und schon gar keine Russkis, wie sie auch manchmal betitelt wurden.

Im Garten hinter dem Haus fütterten wir Kaninchen. Der Große und ich hatten für ausreichend Grünfutter zu sorgen. Eine ungeliebte Pflicht. Bevor die Hasen nichts zu mümmeln hatten, durften wir nicht mit unseren Freunden spielen. Also rupften wir so schnell es ging, auch manchmal verbotenerweise von den Rasenanlagen im Schloßgarten, Grünfutter zusammen. Die gefräßigen Langohren bekamen nie genug. Mit der Zeit wuchsen sie mir ans Herz. Sie ließen sich streicheln. Ich gab ihnen Namen. Unweigerlich kam der Tag heran, an dem sie für schlachtreif befunden wurden. Um nicht miterleben zu müssen, wie man sie tötete, lief ich, so weit wie ich konnte, weg.

Der Schlag auf den Schädel, das Abhängen an der Schuppentür, das Abhäuten, das Aufschneiden und Ausweiden der vertrauten Tiere war ein Greuel. Wie konnte man nur so grausam sein! Die guten Düfte aus der Küche, wo das betrauerte Kaninchen bis auf das letzte Knöchelchen verarbeitet wurde, lockten mich letztendlich doch aus meinem Versteck, denn Hunger hatten wir in jener Zeit immer. Mit knurrendem Magen stürzte ich mich, wie die anderen auf das seltene Festessen und ekelte mich vor mir selber.

Es war mal wieder so weit. Meine Mutter warnte mich vor: „Die beiden Hasen werden morgen früh geschlachtet. Sie sind fett genug. Die beiden Felle geben einen schönen warmen Muff für dich. Vielleicht kann ich auch noch einen Umlegekragen zusammenstückeln", sinnierte Mutter vor sich hin.

Schweren Herzens wollte ich mich am Schlachttag vor der Schule von meinen vierbeinigen Freunden verabschieden.

Das war nicht möglich. Die Käfigtüren hingen halb aus den Scharnieren gerissen in den Angeln. Die Boxen waren leer. Kein Kaninchen weit und breit. „Hast du die Kaninchen schon geschlachtet?", fragte ich atemlos meine Mutter. „Nein, natürlich nicht. Du weißt, daß ich warte, bis du in der Schule bist", antwortete sie nichts Gutes ahnend. Fassungslos betrachtete sie die leeren Buchten. „Die ganze Mühe umsonst. Ich weiß nicht, was ich die nächste Zeit auf den Tisch bringen soll. Die Kaninchen hätten uns eine Weile über Wasser gehalten", flüsterte Mutter verzweifelt.

„Das waren bestimmt die Russen aus dem Lazarett gegenüber", schimpfte sie.

Liedfetzen, wie „Machorka her, Machorka her..." schallten von dort über die Bahngleise zu uns herüber. Rauchwolken stiegen auf. Die Russen, „Sluschis" oder Sowjetmenschen waren uns zuvor gekommen und bereiteten mit unseren Kaninchen ihr Festmahl.

Unheimlich waren sie uns noch lange, diese fremden „Sieger der Geschichte". Besser, man wechselte die Straßenseite, wenn einer entgegenkam. Bald gehörten sie aber in das Stadtbild. Man gewöhnte sich an sie.

„Es ist gestattet, sich in den Straßen und der Umgebung der Stadt frei zu bewegen..."
So lautete eine der ersten Festlegungen des Generaloberst Popow im Juli 1945.
Er leitete die Sowjetische Militäradministration, die den Auftrag hatte, antifaschistisch-demokratische Verhältnisse auch in Schwerin durchzusetzen.

Parade einer Schottischen Division auf dem Alten Garten in Schwerin Juni 1945 (oben)
Soldaten der Roten Armee 1945 (unten)
Rotarmist der Infantrie in Felddienstuniform (rechts)

Das Leben muß weitergehen

Die Not war sehr groß. Umsiedler, Flüchtlinge, Vertriebene strömten noch immer in die Stadt. 30 - 40.000 von ihnen wurden in umliegende Dörfer und Kreise verlegt. Tausende kamen in provisorischen Lagern im Marstall, Arsenal, in Friedrichsthal und in der Möwenburgstraße unter oder wurden in Stadtwohnungen vermittelt. Tuberkulose, Kinderlähmung und Geschlechtskrankheiten brachen aus.
„Rettet die Kinder" hieß das Motto einer der zentralen Aktionen damals.
Zunächst blieben 450 Beamte aus der Nazizeit auf ihrem Platz. Sie wurden formell aus dem Eid auf Hitler entlassen. Wilhelm Höcker (SPD) als Präsident, Gottfried Grüneberg (KP), Otto Möller (parteilos) als Vizepräsidenten wurden von der Sowjetischen Militäradministration (SMAD) mit der Bildung einer Landesregierung beauftragt.
Die neue Stadtverwaltung von Schwerin setzte sich aus drei KPD- und drei SPD-Mitgliedern sowie einem CDU-Mitglied zusammen.
Erich Wiesner wurde erster kommissarischer Bürgermeister.

„Tag der Kultur"
Am 26. August 1945 wurde der Kulturbund gegründet. 600 Geistesschaffende und interessierte Künstler nahmen an der Morgenfeier im Dom, an der Gründungsversammlung im Theater, an der Jugendmatinee in der Schauburg oder der Eröffnung des Mecklenburgischen Landesmuseums teil.

Nie wieder Krieg!
Pazifismus greift um sich - Kriegsdenkmäler werden zerstört.

Herbst 1945:
Es werden zehn Stadtbezirke in Schwerin gebildet, hauptamtliche Bezirksvorsteher leiteten sie.
242 ehrenamtliche Straßen- und 4.480 Hausobleute werden tätig.

März 1946:
Im Theater wird „Nathan der Weise" gespielt. Von 1945 bis 1950 ist Lucie Höflich Schauspieldirektorin.

Schweriner Männer und Frauen!

Aufruf an alle im September 1945

...r von der Hitlerbande in verbrecherischer und leichtfertiger Weise über Deutschland heraufbeschworene Krieg, ...r unser Volk in so namenloses Elend und Unglück gestürzt hat, der Millionen junger deutscher Menschen das ...en kostete, der durch den Bombenkrieg Müttern, Frauen und Kindern den Tod brachte, hat immer noch neue ...uswirkungen.

...heimlich und leise schleichen Krankheitskeime durch die deutschen Lande. Seuchen drohen unserem Volk zu ...en anderen Schäden und Verlusten, die es erlitten hat, weitere Opfer zuzufügen. Durch die Masseneinwande...ngen, das Hin- und Herreisen der Flüchtlinge und der rückkehrenden Kriegsgefangenen, die mangelhafte Er...hrung, alles Folgen des verbrecherischen Krieges, finden Krankheiten wie Typhus, Fleckfieber und Diphtherie ...en guten Nährboden. Hier drohen unserem Volke weitere große Gefahren, gegen die wir mit allen Mitteln den ...mpf aufnehmen müssen.

Auch uns in Schwerin droht größte Gefahr!

...ch in unserer Stadt sind die Krankenhäuser überfüllt, leben viele tausende Flüchtlinge unter unmöglichen Ver...ltnissen. In größter Eile müssen wir neue Krankenhäuser schaffen, müssen die Flüchtlinge und die ent...ssenen Kriegsgefangenen mit dem Allernötigsten versehen werden.

...er fehlt es aber an allem. Deshalb richten wir einen dringenden Appell an die Hilfsbereitschaft der Schweriner ...völkerung. Unsere Stadt wurde glücklicherweise vor größeren Zerstörungen bewahrt, die Einwohnerschaft ...auchte nicht zu ...ten wie in anderen Städten, es ist noch genug in privaten Händen vorhanden.

Sonntag, den 30. September 1945, ist

Großsammeltag in Schwerin

...e Vertreter des Blocks der antifaschistischen demokratischen Parteien, die Gewerkschaften, der Kulturbund, die ...rche und das Rote Kreuz, sie alle haben ihre Bereitschaft bekundet mit beizutragen, damit wir der Seuchen und ...r Not Herr werden.

...ie Sammlungen werden durchgeführt von den Obleuten in den Straßen und Häusern

Benötigt wird vor allem:

...ettwäsche, Decken, sonstige Wäsche, Kleidung, Schuhe, Geschirr und Einrichtungsgegenstände

...ebt die Sachen möglichst in einem sauberen, ordentlichen Zustand ab, da alles schnell gebraucht wird. Ist dies ...cht möglich, dann nehmen wir auch schadhafte Sachen, die wir dann in Nähstuben und Ausbesserungswerk...tten herrichten lassen. Auch Geldspenden können gegeben werden. Über jede Spende wird Quittung gegeben. ...e Verteilung geschieht durch einen Ausschuß der Stadtverwaltung in Verbindung mit dem Gesundheitsamt ...d den Flüchtlingsleitstellen.

...chweriner! Helft jetzt Euren notleidenden Mitmenschen. Ihr helft damit Euch selbst, ...enn jeder muß das allergrößte Interesse daran haben, daß wir die Seuchen und die ...ot schnell überwinden

Der Oberbürgermeister

Wiesner

Gründungsmitglieder des Kulturbundes (oben)
Sendestart des Landesrundfunks am 14.12.1945 (unten)

Haus der Kultur in Schwerin 1946:
Willi Bredel (links) und Pastor Karl Kleinschmidt
waren aktiv für den Kulturbund tätig
Erstausgaben und Publikationen des Kulturbundes

Der Onkel in Amerika

Vor mir liegt ein bräunlich verfärbtes altes Gruppenfoto, auf dem acht junge Männer in der Berufskleidung der Köche vor der Kamera posieren. Außen, in der zweiten Reihe, steht Friedrich, Julius, August Martens, der Halbbruder meiner Mutter.
Er wurde am 11. Dezember 1901 in Strassburg im Elsaß geboren. Das flache weiße Käppi auf seinem Kopf weist auf eine noch untergeordnete Stellung in der Hierarchie der Köche hin.
Beine gespreizt, Arme vor der Brust verschränkt, verwegener Blick - Was kostet die Welt?- Haltung lassen spüren, daß der junge Mann davon nicht niedergedrückt ist.
Die Fotografie entstand zu Beginn der zwanziger Jahre, als Fritz, wie er in der Familie gerufen wurde, im „Palast Hotel" im neuen Jungfernstieg zu Hamburg in die Kochlehre ging.
Nach bestandener Lehre schrieb er aus dem Kurhaus der Seebadeanstalt Ostseebad Travemünde GmbH nach Hause: Alles in bester Butter.
Der fünfundzwanzigjährige, lebenshungrige Jungkoch heuerte 1926 bei der Hamburg-

Amerika-Linie auf dem Luxusdampfer „Deutschland" an.

Seine Angehörigen erhielten durch flüchtige Kartengrüße aus Cuxhaven und von Bord Nachricht von dem Seefahrerleben. Einige Jahre schipperte er mit der „Deutschland" über den großen Teich nach Amerika und zurück. Seine Eltern und Geschwister wohnten in Schwerin. Er nahm sich nicht die Zeit, sie zu besuchen, schickte aber treu und brav Geld zu ihrer Unterstützung nach Hause - bis er am 05.03 1930 mitteilte, er wohne jetzt in „Kraffts Restaurant", North White Plains, New York und arbeite dort, werde jedoch in Bälde die Adresse ändern.

Bin sonst ganz gut zuwege ,klang es nicht mehr ganz so optimistisch aus der neuen Welt. Etwas sarkastisch ließ er sich über die Schreibfaulheit seiner Schwestern, die nun schon im Jungmädchenalter waren, aus:

„Die beiden Ältesten (17 und 18 Jahre alte Schwestern) sind wohl noch nicht sehr weit fortgeschritten in der Schreibkunst, andernfalls müßte ich schon ein halbes Dutzend Briefe erhalten haben. Bin sehr gespannt, wie es bei Euch zu Hause zugeht und warte sehnsüchtig auf einen Brief..."

Geschrieben wurde nach Amerika. Das Echo blieb aus. Schließlich erging sich die Familie nur noch in wilden Spekulationen über das Schicksal des verschollenen Sohnes, Bruders, Schwagers.
Vom Koch zum Millionär wäre allen am liebsten gewesen.
Sein Bild verblaßte mit den Jahren, aber der geheimnisumwitterte Onkel aus Amerika war bei jeder Familienzusammenkunft gegenwärtig. Man zeigte Bilder von ihm und erzählte seine wilden Streiche.
Ob er noch lebte?
Fünfzehn Jahre lang endete jedes Gespräch über den Amerikafahrer mit dieser bangen Frage. Bis im Mai 1945, kurz nach Kriegsende, folgender Brief in der Germany, Britisch Zone, nach Irrwegen durch Schwerin (Vermerk: ohne Marke eingegangen) in die Hände meiner Großmutter gelangte:

New York, April 1945
Liebe Mutter!
Seit dem 1. April ist die Post wieder freigegeben. Heute ist schon der 4. und ich weiss immer noch nicht was ich, oder an wen ich schreiben soll. Wichtig ist für mich, daß jemand meiner Angehörigen diese Zeilen zu

lesen bekommt und mir umgehend eine Antwort zukommen lässt, ganz gleich, wie selbige ausfallen mag. Mir ist ganz schwer ums Herz. Diese Zeilen auf Papier zu bringen, ist keine leichte Aufgabe.
Möchte gar zu gerne so vieles fragen und wissen, wer noch am Leben ist, wo Ihr alle seid, wie es Euch geht und wie ich mit meinem lieben Bruder in schriftliche Verbindung treten kann.
So viele Jahre sind vergangen und so vieles hat sich ereignet in meinem Leben, doch, was das Schicksal Euch zugedacht hat, muß ich herausfinden.
Sollte es Gottes Wille sein, daß Du, meine liebe Mutter diesen Brief erhälst, frage ich Dich, ob Du mir verzeihen kannst für mein miserables Benehmen.
Wer so lange Jahre nicht nach Hause schreiben kann und seine Angehörigen so vernachlässigt, der Mensch verdient es gar nicht, daß es ihm gut geht.
Ich schließe diesen kurzen Brief in der Hoffnung, daß Ihr alle am Leben seid und mir den Wunsch erfüllt, sofort zu antworten.
Mit Sehnsucht warte ich auf ein Lebenszeichen von Euch allen.
Es grüsst Dich recht herzlich Dein Sohn Fritz
Dass Vater gestorben ist, habe ich erfahren.

Meine genaue Adresse ist: Fritz Martens
30 - 07 Grand Avenue, Astoria
New York City, New York

Was braucht Ihr am notwendigsten?

Meine Großmutter war außer sich vor Freude über den wiedergefundenen Sohn.
Sie las den Brief wiederholt laut vor. Welch ein Glücksfall, daß Fritz sich gerade jetzt aus Amerika meldete. Ein Fingerzeig Gottes!
Ausführlich berichtete man die Lebensumstände der Familie nach Amerika:
Bruder Robert, wie der Vater bei der Bahn angestellt, war verhaftet, keiner wußte warum und wohin er gebracht worden war. Sein Sohn (nach dem Onkel, Fritz, genannt) hatte sich als Abiturient freiwillig zu den kämpfenden Truppen gemeldet und fiel für Führer und Vaterland in den ersten Kriegstagen.
Alle vier Schwestern waren verheiratet, hatten Kinder, ihre Männer waren noch nicht aus dem Krieg zurückgekehrt. Die zweitälteste war ausgebombt, lebte mit drei Kindern bei Mutter und Schwester in sehr beengten Verhältnissen.
Was am notwendigsten gebraucht wurde? Alles!

Die Frauen mühten sich täglich, die große Familie satt zu kriegen sowie Kleidung und Feuerung herbeizuschaffen.
In den Läden gab es auch nach langem Schlange stehen nicht einmal die kargen zugeteilten Lebensmittelrationen. Mit knurrendem Magen stellte man sich erneut an. Vielleicht dieses Mal mit Erfolg!? Die Stadt war übervölkert mit Flüchtlingen, die noch schlechter dran waren.

Meine Mutter arbeitete bei einem Bäcker für Deputat. So hatten wir meistens Brot. Manchmal fiel auch ein wenig „Trennfett" ab. Aus dieser undefinierbaren weiß-grauen Masse, die zum „Einfetten" der Bleche gedacht war, zauberte meine erfindungsreiche Mutter herrlich schmeckendes falsches Apfelschmalz. Im Schrebergarten bauten wir Kartoffeln, Kohl, Zwiebeln, Obst, Tabak usw. an. Wir hatten also immer irgend etwas zwischen den Zähnen. Der allgemeine Mangel trieb uns trotzdem um.
Schlecht und recht hielten wir uns über Wasser und träumten von Paketen aus dem Schlaraffenland. Unsere Geduld wurde auf eine harte Probe gestellt.
Erst ein Jahr später gelangte wieder ein Brief

von dem Onkel aus Amerika nach Germany in die Russian Zone:

Juli 1946

Liebe Mutter!

Habe Eure Briefe auf Umwegen erhalten. Bin zur Zeit in der Saison und komme erst im Oktober wieder nach New York. Es freut mich sehr, zu hören, daß Ihr alle am Leben seid.
Zwischen den Zeilen habe ich gelesen, daß es Dir nicht sehr gut geht, hoffe aber, daß die Mädels Dir beistehen. Von hier ein Paket zu schicken, ist kaum möglich.
Zucker ist stark rationiert, Fleisch und Butter nicht so leicht zu kriegen.
Alles, was das Land im Überfluss hat, geht nach Europa. So habe ein wenig Geduld.
Für einen Pferdeknochen brauchst Du Dich im nächsten Winter nicht stundenlang hinstellen.
Kam sehr gut durch die Kriegsjahre. Habe immer gearbeitet, bin nie belästigt worden.
Arbeitslosigkeit ist minimal. Preise sind sehr hoch gegangen und ebenfalls die Löhne.
Doch der Dollar hat noch nicht wieder dieselbe Kaufkraft wie vor dem Krieg.
Siebenmal war ich im Hospital. Das letzte Mal in einem der besten Americas. Die Behandlung

während des Krieges war ausgezeichnet. Habe keine Schwierigkeiten mehr mit dem Magen, muß aber vorsichtig mit dem Essen sein, immerzu an der Diät bleiben.
Ich habe alles, was mein Herz begehrt, kann bloß nicht essen und Ihr habt nichts zum Knabbern und immer Kohldampf.
Sobald wie möglich werde ich was schicken, musst noch etwas Geduld haben....

Im April 1947 teilte der Onkel aus Amerika endlich mit, daß ein Paket nach Schwerin unterwegs sei und bat wiederum, ihm zu schreiben, was notwendig gebraucht würde. Vielleicht Cigaretten? Man könne sie eventuell gegen andere wichtige Waren eintauschen, oder? Die Mutter solle schnell antworten, auch wenn es nur mit Bleistift wäre. Sie solle jedoch bedenken, daß Pakete in die Russian Zone nur 11 Pfund wiegen dürften!
Im Oktober 1947 wurde die Geduld endlich belohnt.
Meine Großmutter erschien mit verheißungsvoller Miene und wisperte meiner Mutter hinter vorgehaltener Hand zu, daß drei Pakete aus Amerika angekommen seien.
Meine beiden Brüder und ich wurden ange-

wiesen, zu niemandem darüber zu sprechen. Das würde nur Neid und Mißgunst hervorrufen und abgeben könne man nichts, dazu sei die eigene Not zu groß.

Sehr zum Ärger meiner Mutter hatte die Großmutter bereits alle Pakete, auch das für uns bestimmte, geöffnet und den Inhalt inspiziert. Die gesamte Familie wurde in der Wohnküche der Großmutter zusammengetrommelt, die Wohnungstür verschlossen und dann die ungeahnten Köstlichkeiten ausgepackt. Zum Vorschein kamen fremde bunt etikettierte Dosen mit Corned Beef, zuckersüße dickflüssige Büchsenmilch, Brüh-, Pudding und Milchpulver, Schokoladentafeln, Kakao, echter Bohnenkaffee, Tee, Datteln, Feigen, Zucker, Mehl, Palmin, Zigaretten, Kekse.

Aus diesen Zutaten ließen sich unzählige Mahlzeiten zubereiten, stellten die Frauen mit kundigem Blick fest.

Jedes Kind bekam eine Tafel Schokolade. Ich hob meine auf und beobachtete die Verteilung der eßbaren Raritäten, die ruhig und gerecht von der Großmutter vorgenommen wurde.

Meine Blicke wanderten währenddessen aber immer wieder neugierig zu den anderen, auf dem Tisch ausgebreiteten Sachen. Ich verliebte mich sofort in ein Paar wunderschöne hellbraune Lederschuhe mit weißer Lasche, die aus einem Bündel Oberbekleidung herausragten.

Solche hübschen Mädchenschuhe gab es wirklich?

Verstohlen sah ich hinunter auf meine Füße. Sie steckten in schweißbildenden Igelitschuhen. Natürlich glänzten sie hübscher als die derben grobporigen halbhohen Jungenschuhe, die ich auf Bezugsschein für den Winter bekommen hatte. Sie waren auch weicher und gaben mehr nach als die Klapperlatschen im Sommer. Die bestanden aus starren Holzsohlen, auf die Bänder zum Festschnüren genagelt waren. Der Fuß konnte nicht abrollen. Lieber ging man barfuß.

Und nun standen da die schönen Schuhe aus einer anderen Welt. Ich mußte sie haben.

Die Verteilung der Kleidungsgegenstände nach Bedürftigkeit und Paßfähigkeit war beschlossen. Also quetschte ich mich in die Schuhe hinein. Obwohl sie scheuerten und mir eindeutig zu klein waren, behauptete ich felsenfest, sie würden wie angegossen sitzen und wunderbar passen. Nach ungläubigem Palaver wurden sie tatsächlich mir zugespro-

chen. Im Sonntagsrüschenkleid aus roter Fallschirmseide, selbstgestrickten weißen Kniestrümpfen und den auffallenden Amerikaschuhen machte ich zehnjähriges Mädchen Schaulaufen durch unsere Straße. Ich war die Schönste aller Zeiten!
Die Schuhe mußten bald an eine jüngere Kusine weitergegeben werden, aber ein gelbes reinwollenes Bolerojäckchen aus Amerika trug ich noch jahrelang nach meiner Mutter ab.

Die Vorräte waren bald aufgebraucht.
Der Onkel vagabundierte von Saison zu Saison durch Amerika und ließ nur in großen Abständen von sich hören.

Meine Mutter erhielt Ende 1947 diesen Brief:

Liebe Schwester Martha!

Habe Deinen Brief erhalten. Bin zur Zeit in der Saison, ungefähr 300 Meilen von New York weg und zwar in The White Mountains im Staate New Hampshire.
Na, was Du mir in Deinem Brief mitteilst, hört sich nicht so gut an. Es freut mich aber zu

hören, daß Du gesund und glücklich bist mit Deinen drei Kindern. Den Bildern nach, scheinen sie sehr nett zu sein. Hoffe, daß sie Dir noch sehr lange Freude bereiten werden, wo Dein Mann nicht zu Hause ist. Sollte er aber nicht heimkommen, so musst Du Dich mit Deinem Schicksal abfinden. Ich wünsche Dir, daß er bald wieder zurückkommt und Du wieder den Menschen um Dich hast, den Du liebst. Ihr habt Euch bestimmt gut verstanden.

Die Situation kommt mir so fremd vor. Als ich von Euch allen wegging, wart Ihr so kleine Mädels und nun seid Ihr alle verheiratet. In meinem Gedächtnis wirst Du und Deine drei Schwestern immer die vier Knäckes bleiben. Schöne Erinnerungen kommen zurück, wenn ich an die Zeiten denke, als Ihr noch so klein wart und ich mich mit Euch rumschlagen musste!!!!!

Ich schliesse in der Hoffnung, daß die Zukunft für Dich und Euch alle viel besser wird.
Es grüsst Dich recht herzlich Dein Bruder Fritz.

Ein spezieller Gruß an Deine Kinder von Ihrem Onkel Fritz.

Die Nachrichten aus Amerika wurden spärlicher. Der Saisonarbeiter Fritz Martens zog mit Wohnwagen und neuer Braut Germaine umher. Wo es ihnen gefiel, blieben sie eine Weile. Trotz angeschlagener Gesundheit, genoß er das Leben in vollen Zügen.

1949 Miami Beach
Liebe Mutter!

Habe Deinen Brief erhalten und freute mich, von Dir zu hören.
Es scheint mir, daß Ihr nicht alle Pakete erhalten habt. Bevor wir nach dem Süden gingen, haben wir zwei grosse Pakete zurecht gemacht. In jedem waren neue Schuhe für die Kinder. Die Pakete waren zu schwer, musste sie wieder heimnehmen, insgesamt 44 Pfund, hat die Post verweigert. Schade, wenn alles verloren ging.
Miami Beach ist sehr schön, aber auch teuer zum Leben. Ich bezahle 600 Dollar Rente für 6 Monate und das ist noch billig.
Miami Beach hat 351 Hotels und 3 Pferderennbahnen und 3 Hunderennbahnen. Von hier sind es nur noch 150 Meilen nach dem südlichsten Punkt, Kay West.
Seit drei Monaten hat es geregnet - so konnten wir nicht schwimmen gehen.

Bis zum May bleiben wir in Miami Beach, dann fahren wir nach New York zu meinen Schwiegereltern, von da gehe ich in Saison nach Norden.
Uns gefällt es gut in Florida. Wir wohnen bei einem Arzt in einem sehr grossen Haus. Er hat eine nette Frau und zwei Kinder, Mädel und Junge und eine negro Haushälterin und uns zwei.
Es ist eine jüdische Familie. Wir fanden freundliche Aufnahme...

Die angekündigten Pakete kamen nie an. Jeder lebte wieder sein Leben. Die Verhältnisse normalisierten sich allmählich.
Der Onkel aus Amerika verschwand erneut aus unserem Leben.
Gerne hätte ich ihn kennengelernt.

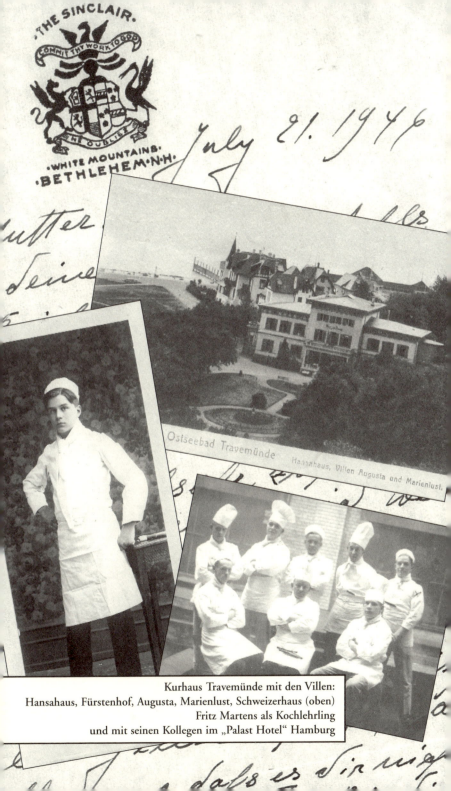

Kurhaus Travemünde mit den Villen:
Hansahaus, Fürstenhof, Augusta, Marienlust, Schweizerhaus (oben)
Fritz Martens als Kochlehrling
und mit seinen Kollegen im „Palast Hotel" Hamburg

Briefe vom Onkel aus Amerika

seit 3 Monate hat's geregnet
...ist schwimmen geh'n

Fritz Martens startet mit der „Deutschland" von Cuxhaven nach Amerika
Der Onkel mit der Braut 1947 in Miami Beach

Friedensweihnacht - Schnucki

Das erste Weihnachtsfest im Frieden sollte ganz besonders schön gefeiert werden. Aus aufgesparten Zucker-Mehl und Fettrationen knetete meine Mutter, umringt von uns Kindern, Teig für Pfeffernüsse. Im Herbst hatten die Frauen des Hauses in der Waschküche aus Zuckerrüben köstlichen Sirup gebraut. Wir durften den süßen Schaum lecken und aßen die braune klebrige, sich zäh vom Löffel lösende Masse, auf Brot, zu Kartoffeln oder als Näscherei.

Nun wurde die Hälfte der Teigmasse mit Sirup versetzt, um braune Pfeffernüsse herzustellen. Schließlich war mit unserer Hilfe ein kleiner Kopfkissenbezug voller brauner und weißer Pfeffernüsse in Gestalt von Herzen, Sternen, Monden, Stiefeln und Tännchen bereitet. Wir hatten so viel Teig und fertige Plätzchen genascht, daß wir ausnahmsweise mal nicht mit knurrendem Magen ins Bett gingen.

Wir bastelten Hexentreppen aus noch vorhandenen Beständen an Buntpapier und schmückten, den aus dem Wald „organisierten" Tannenbaum, damit, steckten die rot-silbern-glänzende Spitze auf und hängten

bunte Kugeln an die Zweige. Baumkerzen gab es nicht. Vergebens hielten nach ihnen Ausschau auf dem Weihnachtsmarkt, der nun wieder auf dem Altstädtischen Markt veranstaltet wurde. Eingekeilt in drängelnde Menschenmassen schoben wir uns mit Mutter an den Ständen vorbei. Bauern und Gewerbetreibende boten Steckrüben, Kohlrabi, Rote Beete, wenig Butter, Fleisch und Milch sowie Töpfe, Schüsseln, Teller, Kellen, vereinzelt Kleidungsstücke, an.
Ein dürftiges Angebot, welches die meisten, wie wir, nicht kaufen konnten, weil sie kein Geld hatten. Unserer Freude auf das Weihnachtsfest tat das keinen Abbruch. Endlich war Heiligabend - 1945!
Mutter traf die letzten Vorbereitungen, während wir uns fein machen mußten.Leibchen und die schrecklichen langen braunen gerieften Strümpfe zogen wir murrend an. Für uns drei waren aus aufgeräufeltem Garn bunte Westover gestrickt worden, die kombiniert mit kurzen Hosen bei den Jungs und einem dunkelblauen kratzigen Faltenrock bei mir sowie weißen Oberteilen aus Vaters aufgetrennten Hemden, sehr ordentlich aussahen. Als die altbekannte Glocke zur Bescherung rief, brannten drei aus Wachsresten selbst

gezogene Kerzen im Leuchter. Es roch wunderbar nach Bratäpfeln.
Die Omas, Tanten und Kusinen versammelten sich leise im Dämmerlicht. Weihnachtslieder klangen durch den Raum, begleitet vom Klavierspiel der Mutter.

Bescherung:
Mutter saß still auf dem Sofa und beobachtete uns. Mein Puppenhaus war wie immer zu Weihnachten aufgebaut. Ich feierte Wiedersehen mit all den, von meinem Vater handgefertigten Möbeln. Kleine Akkus wären als Stromerzeuger nötig gewesen. Die gab es natürlich nicht. So brannte kein Licht in den Ministuben. Das störte das Spielen aber nicht
Ich machte mich sofort ans Umräumen und Wirtschaften. Ein Jubelschrei! Im Puppen-Wohnzimmer entdeckte ich eine richtige Familie, die aus Lumpen und Stoffresten unter Mutters geschickten Händen entstanden war. Vater, Mutter und zwei Kinder saßen am gedeckten Tisch. Mit ihnen spielte ich das Leben der Erwachsenen nach.
Der Große fand unter dem Tannenbaum ein Buch von Karl May und machte sich ans schmökern.

Der Kleine bekam einen Hartgummiball. Nachdem er eine Porzellanschüssel zu Bruch geschossen hatte, kam er doch lieber als Spediteur zu mir. Ohne viel zu fragen, lud er Möbel aus der Puppenstube in seinen Spielzeuglaster. Schließlich mußten die Leute aus dem Puppenhaus ja auch einmal umziehen. Meinen Protest beachtete der hartnäckige Kleine nicht. Wäre Mutter nicht dazwischen gegangen, hätte es ein Handgemenge gegeben. Der Ruf zum Essen glättete die Zänkerei.

Zur Feier des Tages gab es warmen Kartoffelsalat und sogar ein Würstchen, Bratäpfel zum Nachtisch und so viele Plätzchen, wie in uns hineingingen.

Zu später Stunde klingelte es an der Wohnungstür. Ich öffnete, niemand zu sehen, aber da stand ja ein verdecktes Körbchen, aus dem winselnde Laute kamen. In großer Druckschrift war auf einen weißen Zettel gemalt, „Ein frohes Weihnachtsfest wünscht Heidi für Hannelore!"

Für mich? Ich riss die Decke vom Korb. Ein schwarz weißes Hündchen fiepte mir entgegen. Ich nahm es in den Arm. Es leckte meine Hände und mein Gesicht. Mir gehörte der Hund, mir ganz alleine. Stolz führte ich ihn der Familie vor. Meine Mutter war entsetzt. Noch ein Esser mehr! „Den Hund kannst du nicht behalten. Wo kommt der überhaupt her?", wehrte sie meine Euphorie ab. „Von uns", schrie meine Freundin, die Bäckerstochter. „Hier guckt mal, ich habe auch so ein niedliches Hündchen bekommen. Meiner ist schwarz-gelb gefleckt", stürmte sie ins Zimmer. „Nun lasse den Kindern doch die Freude, die Tiere kriegen wir auch noch satt", meinte die Tante aus der Bäckerei zu meiner Mutter.

„Gut, du darfst den Hund erst mal behalten, aber du bist voll für ihn verantwortlich", sagte meine Mutter streng zu mir. Ich war selig über mein schönstes lebendes Weihnachtsgeschenk. Am liebsten hätte ich das Hündchen mit ins Bett genommen. Es mußte aber ganz alleine im fremden Wohnzimmer übernachten.

Am nächsten Morgen begann ich zu ahnen, welche Verantwortung auf mich zu kam. Der noch nicht stubenreine Welpe hatte überall im Zimmer kleine Häufchen verteilt, die ich nun wegmachen mußte. Ich nahm meinem Hund, den ich erst einmal von Heidi auf Schnucki umtaufte, nichts übel. Er war so klein und hilflos. Ich steckte ihm heimlich von meinem Essen zu und verzog ihn nach Strich und Faden. Anstatt mit den Hunden spazieren zu gehen, packten meine Freundin und ich die Tiere in Taschen und schleppten sie durch die Gegend. Sie wurden gehätschelt, gebadet, waren immer um uns herum, so daß unsere kleinen Brüder eifersüchtig wurden. Um uns zu ärgern, spannten sie die, zu mittlerer Größe herangewachsenen Hunde, Marke Promenadenmischung, vor ihren Kullerwagen , um sich von ihnen kutschieren zu lassen. Wir bewahrten unsere aufgeregten vierbeinigen Freunde vor dieser Schmach. Die frechen Buben bekamen Ohrfeigen und machten sich aus dem Staube. Wir trösteten unsere Lieblinge. Sie leckten dankbar unsere Hände und Gesichter.

Eines Tages war Schnucki verschwunden. Überall suchte und rief ich ihn. Er kam nicht. Keines der Nachbarskinder wußte, wo er stecken könnte. Ein großer Bengel von nebenan meinte: „Der schmort bestimmt als Sonntagsbraten in einem Topf oder wurde schon verspeist. Den kriegst du bestimmt nicht wieder, wo Fleisch so knapp ist."

Solche bösen Menschen, die meinen geliebten Schnucki schlachteten, konnte es gar nicht geben. Oder doch? Ich fing an zu heu-

len. Die Suche nach ihm wurde immer verzweifelter. Abends nahm Mutter mich in den Arm und erklärte: „Du mußt jetzt sehr vernünftig sein. Der Hund konnte nicht länger bei uns bleiben, weil wir nicht genug zu essen haben. Ihr habt eiternde Hungerbeulen an den Fußgelenken, die Oma ist zum Skelett abgemagert. Wir brauchen jeden Happen, um uns alle am Leben zu erhalten. Da können wir nicht noch einen Hund durchfüttern. Günther, unser Untermieter, brachte auf meinen Wunsch deinen Hund zu guten Leuten nach Görries. Ihnen geht es ein wenig besser, als uns. Schnucki wird sich schnell dort eingewöhnen."
Traurig kroch ich unter die Bettdecke, konnte lange nicht einschlafen. Nicht mal Abschied nehmen durfte ich von meinem Hund. Ja, mein Hund. Wie grausam Erwachsene sein konnten! Das hätte ich Mutter nicht zugetraut.

Ein paar Tage später kamen Spielkameraden aufgeregt angelaufen. „Dein Schnucki ist wieder da. Er hat sich im Haus geirrt, schnuppert im Nebenhaus durch den Treppenflur. Komm schnell mit!", raste die Schar ins Nachbarhaus. Ich hinterher. Das treue

Tier hatte mich gesucht und nun gefunden. Es sprang jaulend an mir hoch. Die Wiedersehensfreude war nicht zu beschreiben. Immerhin war er in einem zugebundenen Sack kilometerweit mit dem Fahrrad von unserer Wohnung weg transportiert worden. Er liebte mich also ebenso, wie ich ihn. Sonst hätte er mich sicherlich nicht aufgespürt. Diese Treueleistung überzeugte selbst meine Mutter. Schnucki durfte vorerst bei uns bleiben.

In den Schulferien sollte ich auf dem Lande aufgepäppelt werden. Mit Onkel und Tante in Dümmerhütte war abgemacht, auch Schnucki könne mit. Man würde schon einen Bauern finden, bei dem der Hund unterkommen könnte. Zunächst freundete er sich mit dem, voller Flöhe sitzenden Hofhund, an. Sie kläfften um die Wette und fraßen aus einem Napf. Bald tollte er auch mit anderen Dorfkötern durch die Gegend. Ihm schien das Landleben sehr zu gefallen.
Mir fiel das Eingewöhnen nicht so leicht. Mißmutig löffelte ich die Spezialitäten des Hauses, Milchsuppe mit viel Salz oder fette Bratkartoffeln mit noch fetterem gebratenem Bauchspeck in mich hinein. Wurst aus dem

Rauch schmeckte da schon besser. Interessiert sah ich zu, wenn Unmassen Kartoffelschalen für die Schweine gedämpft wurden oder die Schwalben in der großen Toreinfahrt ihre Nester bauten. Der Tochter des Hauses, Marie, versuchte ich mit städtischer Überlegenheit zu imponieren. Sie holte mich mit ländlicher Praxis wieder auf den Erdboden: „Du kannst nicht reiten? Du kannst die Gänse nicht zusammentreiben? - Hühner tasten auch nicht? - Nicht mal melken? Was macht ihr eingebildeten Stadtmenschen eigentlich den ganzen Tag?", trieb mich die zwei Jahre jüngere Marie in die Enge. „Aber essen wollt ihr", murmelte sie zum Schluss.

Ich kam mir plötzlich so nutzlos vor. Hatte Marie nicht Recht? Irgendwie wollte ich ihr beweisen, daß ich nicht ganz so sinnlos durch die Gegend zog und erklärte mich bereit, am Abend die Kühe von der Weide zu holen, um sie wohlbehalten im heimatlichen Stall abzuliefern. Ungläubig lächelnd verfolgte Marie mein Tun. Die Kühe spürten sicher meine Angst und Unsicherheit. Eine scherte mit einem mächtigen Satz aus, entwich in einen wohl gepflegten Hausgarten, wo sie zum Ärger der Besitzer die Gemüsebeete verwüstete. Nach gelungenem lautstarken Vertreiben aus dem Freßparadies, versuchte die Kuh Gleiches in den Nachbargärten. Sie war auf den Geschmack gekommen und wollte partout nicht nach Hause. Geschimpfe, Gezeter, Hohngelächter verfolgten meine unbeholfenen Versuche, das störrische Tier wieder auf den richtigen Pfad zu bringen. Endlich sprang sie mit einem mächtigen Satz auf die Straße und konnte nun mit einer Gerte in Schach gehalten, brav den Heimweg antreten. Niemand hatte bemerkt, daß das schwere Tier dabei mit vollem Gewicht auf meinem Fuß zwischengelandet war. Der rechte Fuß schwoll, grün-blau-verfärbt zu einem Klumpfuß an. Mit schmerzverzerrtem Gesicht humpelte ich hinter dem Vieh her.

Das Landleben war wohl doch nicht das Rechte für mich. Ich sehnte mich nach der tröstenden Mutter. Mit der Welt hadernd kroch ich ins Bett. „Ich bin klein, mein Herz ist rein..." betete Marie brav.
Vielleicht hatte ich so ein Pech, weil ich nicht an Gott glaubte?

Am nächsten Tag spannte Onkel Ludwig die Ackergäule vor den Kutschwagen. Die dralle

Tochter des Hauses wurde in ein frisch gebügeltes zu enges weißes Kleid mit rosa Schärpe gezwängt. Mein lädierter Fuß bekam einen Verband umgewickelt.

Dann sollte ich mich ebenfalls hübsch machen. Nur das feuerrote Fallschirmseidenkleid kam in Frage. Der Onkel knallte ungeduldig mit der Peitsche. Die Ackergäule waren schwer zu halten. Kaum waren wir aufgestiegen, setzten sie sich in Trab, verfielen bald in ein gemütliches Zuckeln und schienen den freien Tag ebenso zu genießen, wie wir. Die Sonne flirrte durch das Geäst der Alleebäume. Viel zu schnell kamen wir in Wittenburg an. Onkel Ludwig half uns galant aus der Kutsche. Mit einem Griff in die Westentasche beförderte er die vorsorglich eingesteckten Zuckermarken hervor und spendierte uns einen riesengroßen Eisbecher, hinterher noch ein Stück Kuchen. Wie schön konnte doch das Landleben sein!
Kurz darauf wurde mir so nebenbei bedeutet, daß jetzt Leute im Nachbardorf bereit seien, meinen Hund zu übernehmen. Das hatte ich schon fast vergessen, das Abschiednehmen von Schnucki. Versprochen ist versprochen redete ich mir gut zu. Ich sah ja ein, daß der

Hund ein Esser zuviel war. Hatte Mutter hoch und heilig versprochen, vernünftig zu sein.

Tapfer nahm ich ihn an die Leine und zurrte sie am Fahrradständer vor dem Konsum fest. Irgendwann würde der neue Besitzer ihn dann mitnehmen.

„Dein verpimpelter Schnucki wird es gut dort haben", meinte Marie schadenfroh. „Du verwöhnst ihn viel zu sehr", damit machte sie die Leine wieder los und jagte mit Schnucki davon.

Mit tränenblinden Augen verfolgte ich meinen Liebling und flüsterte ihm hinterher: „Du weißt ja, wo du mich findest. Du kommst bestimmt zu mir zurück und dann können sie uns nicht mehr trennen." Ohne mich noch einmal umzublicken verließ ich den Ort der Trennung. Schnucki zerrte an der Leine und bellte herzzerreißend hinter mir her. Ich kletterte auf einen Apfelbaum und heulte den ganzen Vormittag.

„So ein Theater um einen Mischlingshund. Der ist doch gar nichts wert!", verlachten mich die Verwandten. „Der hat dich im Nu vergessen", meinte Marie.

Das konnte ich nicht glauben. Sicher würde er mich wieder suchen, hoffte ich insgeheim und hielt überall Ausschau nach dem schwarz-weiß-gefleckten quirligen Hündchen. Vergebens!

Einen Tag vor der Heimfahrt erschien überraschend sein neuer Besitzer bei uns. Der wohlgenährte Schnucki wurde am Eingang festgebunden. Ich stürzte mich auf ihn. Er wedelte nur andeutungsweise gnädig mit seinem Stummelschwänzchen, beachtete mich nicht weiter.
„Haben wir es dir nicht gesagt, der Hund vergißt dich schnell", höhnte Marie.
„Glaubst du nun, daß auch bei den Tieren die Liebe durch den Magen geht?", rief Onkel Ludwig. „Hoffentlich bist du jetzt von deiner Affenliebe zum Hund geheilt", triumphierte Tante Ella.
Verschämt trocknete ich die Tränen. Der treulose Hund verdiente meine Trauer nicht. Ich wandte mich ab und beachtete ihn nicht mehr. Der Schmerz über sein Verhalten blieb lange in mir.

LANDES-ZEITUNG

Die Umsiedler müssen untergebracht werden

Raum für die neuen Umsiedler

Eine aufschlußreiche Unterredung mit dem Dezernenten des [...] Umsiedlerwesens der Stadt Schwerin

Nachstehendes, aufklärendes Rundfunkgespräch brachte dieser Tage der Landessender Schwerin:

Sprecher: Herr Stadtrat Schröder, Sie haben als Dezernent des Wohnungs- und Umsiedlerwesens eines der wichtigsten Aufgabengebiete der Stadtverwaltung Schwerin zu verwalten. Wollen Sie uns bitte über Ihre Aufgaben und Arbeiten kurz etwas sagen:

Stadtrat: Der erhebliche Wohnraummangel, der ein Erbe der verbrecherischen Hitlerpolitik ist, stellt die demokratischen Selbstverwaltungsorgane und somit die Wohnungsämter vor ernste Probleme. Daher erfordert ihre Arbeit die beste Kenntnis der örtlichen Wohnbedingungen, Verständnis gegenüber den Antragstellern, aber auch genügend Entschlußkraft zur Ausmerzung von Ungerechtigkeit und Härten.

Sprecher: Wie sind die Wohnverhältnisse in Schwerin? Unsere Stadt ist ist doch zu unserem Glück im Verhältnis zu vielen anderen Städten, abgesehen von einigen Zerstörungen, vom Hitlerkrieg fast völlig verschont geblieben.

Stadtrat: Das stimmt; jedoch sind immerhin durch Kriegseinwirkung 773 Wohnungen zerstört gewesen. Im Laufe des letzten Jahres sind bereits 516 Wohnungen wiederhergestellt worden. Schwerin ist jedoch als Landeshauptstadt schlechter gestellt als manche andere Stadt, die durch den Krieg erheblicher gelitten hat. Schwerin ist Sitz der Landesverwaltung und der Administration. Beide bedingen, daß eine große Anzahl von Mitarbeitern und Nebenbehörden in Schwerin eingezogen sind, die ihrerseits wiederum Wohnraum benötigen.

Zum anderen ist aber die Bevölkerungszahl durch die herzugezogenen Umsiedler fast um das Doppelte gestiegen. Alle diese Menschen aber mußten untergebracht werden. Sie haben alles verloren und wir müssen dafür sorgen, daß in ihnen ein neues Heimatgefühl entsteht. Wir hatten vor den Bombenangriffen in Schwerin 23 207 Wohnungen; das entsprach einer Wohndichte von 13,75 qm je Person; bei der heutigen Einwohnerzahl entfällt jedoch auf jede Person nur ein Wohnraum von 8 qm.

Sprecher: Wir sehen [...] für alle heißt „Zusamm[...] Sie nun irgendeine Unterst[...] gebung von Wohnraum? [...] daß eine gerechte Verteilung [...] messenen Wohnraumes üb[...] Können Sie uns einige Zah[...] Wohnraum in der letzten [...] den ist?

Stadtrat: Alle W[...] Schwerin zur Verteilung gel[...] den Wohnungsausschuß v[...] nungsausschuß setzt sich par[...] tern der antifaschistischen [...] Im letzten Vierteljahr wurd[...] durch den Wohnungsaussch[...]

- 460 Wohnungen
- 35 Behelfsheime
- 4805 möbl. Zimmer an [...] sind je Tag 38 Zim[...]
- 160 Gewerberäume, d[...] stafträume und Bl[...]

Außerdem sind an 3029 [...] Dienstreisen oder Tagunge[...] ben, Quartiere zur Verfügu[...]

Sprecher: Es ist Ih[...] lich gewesen, eine große A[...] der Bevölkerung zu erfüllen [...] ren, daß demnächst wieder [...] warten sind. Stimmt das?

Stadtrat: Ja! Zu [...] handenen Einwohnerzahl [...] nächsten Wochen noch [...] welche in einzelnen Privat[...] kunft finden müssen.

Es handelt sich in der [...] zialarbeiter, die wir [...] Wirtschaft dringend benötig[...]

Ich richte zum Schluß [...] nochmals an alle Schwerin[...] den neuankommenden Umsi[...] faireuhten Hitlerkrieges ni[...] Gut, sondern auch ihre Hei[...] mit Verständnis zur Seite [...] diese Umsiedler sich hier ein[...] den können. Wenn alle mi[...] möglich sein, auch diese [...] unterzubringen.

Omnibusfahrpreise werden verbilligt

Die Stadtverwaltung Schwerin teilt durch den Dezernenten der Stadtwerke Herrn Stadtrat Fuchs mit, daß für Omnibusfahrten eine Verbilligung der Tarife vorgenommen wurde.

Neue Heimat den Umsiedlern

Konferenz der Umsiedlerausschüsse der Stadt und des Kreises Schwerin

Der Umsiedlerausschuß des Kreises Schwerin hatte am Sonntag, dem 18. November, die Vertreter aller Orts-, Lager- und Bezirksausschüsse des Stadt- und Landkreises Schwerin zu einer Arbeitstagung zusammengerufen.

Auf der Tagesordnung standen folgende Punkte:
I. Die Aufgaben der Ausschüsse unter besonderer Berücksichtigung der Landesaktion „Rettet das Kind". II. Die kulturpolitischen Aufgaben der Ausschüsse. III. Umsiedler oder Flüchtlinge.

Die Konferenz, zu der auch die Vertreter der Parteien, des FDGB, der Behörden geladen waren, war von ungefähr 500 Delegierten besucht.

Zum ersten Punkt der Tagesordnung sprach der Vorsitzende des Umsiedlerausschusses für Stadt und Kreis Schwerin, Genosse G. E. Winkler, ausführlich über die Aufgaben der Ausschüsse in der Stadt, sowohl im Lager als auch in den kleinen Dorfgemeinden.

„Nur durch die Gemeinschaft des ganzen Volkes wird es uns möglich sein, die Umsiedlung dieser Millionen menschenwürdig zu gestalten", führte Genosse Winkler aus. „In der letzten Zeit hat sich gezeigt, daß diejenigen, die von Anfang an aktiv am Wiederaufbau teilgenommen, auch heute wieder den Umsiedlern helfen. So haben die Schweriner Kleiderwerke die Patenschaft über das Durchgangsheim „Mutter und Kind" in der Ernst-Thälmann-Straße übernommen. Die Frauenausschüsse haben sich der Betreuungsarbeit der Umsiedler zur Verfügung gestellt und arbeiten intensiv in den Nähstuben an der Ausbesserung von Wäsche und Kleidern der Umsiedler. Durch Schaffung von Gemeinschaftsküchen, die niemals den Charakter einer Lagerküche haben dürfen, muß die Ernährung der Umsiedler sichergestellt werden. Es kann nicht angehen, daß die Umsiedler weiter draußen im Freien am Herd, vielleicht in einer Konservenbüchse ihre Mahlzeiten kochen. Genau so gemeinschaftlich muß auch das Kleiderausbessern organisiert werden.

Zur Aktion „Rettet das Kind" ...
Gen. W. borgelegt ...
... Räume für ge...
Heime bereitzu...
Abends ausge...
Redner, „die u...

... werden. Auch wenn die erwachsenen Umsiedler durch die Schaffung dieser Kinderstuben und Heime noch mehr eingeengt werden. Die unschuldigen Kinder dürfen nicht auch noch zu Opfern des Faschismus werden!"

Anschließend fand eine lebhafte Aussprache statt, in deren Verlauf der Vertreter der KPD, Genosse Enskat, die Umsiedler die Hilfe der KPD versicherte.

Zum zweiten Punkt der Tagesordnung, die kulturpolitischen Aufgaben der Umsiedlerausschüsse, sprach Dompfarrer Kleinschmidt. In seinen von tiefer Menschlichkeit getragenen Worten knüpfte er an die Worte des Vorredners an, daß die Eigentumsverhältnisse eine große Ungerechtigkeit aufweisen, indem dem einen, sei es durch Bombenangriffe oder Kriegsgeschehen, alles genommen wurde, der andere aber heute noch wie in Friedensverhältnissen lebt. Hier muß ein Ausgleich geben und am besten ist, wenn dieser Ausgleich freiwillig vorgenommen wird.

„Die wichtigste kulturpolitische Aufgabe", führte Pfarrer Kl. aus, „muß es sein, dem Umsiedler hier das Gefühl des Heimatrechtes zu geben. Wir dürfen uns nicht verleiten lassen, diesen in Not geratenen Menschen Verantwortungen zu bieten, durch welche sie die Not und ihr Schicksal auf Stunden vergessen können, sondern unsere kulturpolitische Aufgabe muß sein, diesen Menschen wieder den Weg zur menschlichen Gesellschaft zu zeigen.

Die Ausführungen des dritten Redners, Anton Jadasch von der Zentralverwaltung Berlin, über das Thema „Umsiedler oder Flüchtlinge", zeigte den Delegierten das ganze Umsiedler-Problem von der politischen Seite. Ausgehend von der Schuld Hitlers, einen Krieg entfesselt zu haben, der den Völkern der Erde soviel Leid und Tränen gebracht hat, zeigte er, daß die Aufnahme der Umsiedler in unser Gebiet zur Wiedergutmachung der Kriegsschuld des deutschen Volkes gehört. „Wir dürfen keinen Gegensatz zwischen den Umsiedlern und der Landeseingesessenen entstehen lassen. Der Organisation muß fühlen, daß durch diese neuangesiedelten das Gesicht des Landes ungeformt..."

Die Umsiedlerausschüsse beraten
Die erste Wahl nach dem Krieg wird 1946 vorbereitet

Kälte - Hunger - Angst

Es war bitter kalt im Winter 1946/47. Die Quecksilbersäule sank bis auf minus 25 - 30 Grad. Die eisigen Temperaturen hielten viele Monate an und brachten das Leben fast zum Erliegen. Wir Kinder freuten uns zunächst über Eis und Schnee, bauten Schneehütten im Hof, legten Eisbahnen an und jagten mit dem Schlitten die Kaskaden im Schloßgarten und Hänge am Lankower See hinunter. Viel im Magen hatten wir nicht. Morgens schlürften wir meistens einen Becher Muckefuck, Kaffee-Ersatz übelster Sorte, in den wir, dank der Freundschaft zur Bäckerfamilie, bei der meine Mutter im Laden aushalf, wenigstens trockenes Brot brocken konnten. Magermilchsuppe war die gehobenere Variante des Frühstücks. Das Mittagessen bestand häufig aus einer wässrigen Gemüsesuppe oder Steckrüben, mal als Gemüse, mal als Eintopf, mal als Hauptgericht und das in steter Wiederholung. Jahrzehntelang ekelte ich mich vor der „Mecklenburger Ananas", wie die Kohlrübe sinnigerweise ebenfalls genannt wurde. Viel besser war der bis zum Überdruß genossene „Rote-Bete-Salat" auch nicht. Da schmeckte das „falsche Apfelschmalz" bedeutend besser. Wir aßen alles, weil wir ständig Hunger hatten. Die unerträgliche Kälte verschärfte die Situation.

Mein Vater hatte einen wunderschönen platzsparenden Kachelofen konstruiert und errichten lassen. Er ragte praktischerweise in beide Wohnräume hinein und spendete ausreichend Wärme in zwei Zimmern, wenn er mit entsprechendem Heizmaterial gefüttert wurde. Das mußten lange die Glut haltende Eierbriketts aus Koks sein. Woher Koks nehmen? Nicht mal die knappen Kohlezuteilungen konnten geliefert werden. Das eingeschlagene Holz aus dem Stadtforst reichte nicht für alle. Kohlengrus, Torf, Holz, alles, was zu bekommen war, wurde in das große Ofenloch geschüttet. Frierende Menschen suchten in Wärmehallen der Stadt wenigstens für kurze Zeit, der eisigen Kälte zu entkommen. Wir drängten uns um den mäßig warmen Ofen. Er strahlte keine ausreichende Wärme ab. In den Zimmern blieb es kalt.

Immer wenn mit Kohlen beladene Züge auf den Bahngleisen hinter dem Haus hielten, stürzten vor allem Kinder die Böschung hinunter, kletterten auf die Waggons und warfen anderen so viel Kohlen zu, wie sie in der kurzen Zeit raffen konnten. Niemand wußte ja, wie lange die Züge halten würden. Der Große war so oft es ging, dabei. Wir jüngeren Kinder standen oben auf der Böschung am Gartenzaun Schmiere, hatten die Kohlen in Empfang zu nehmen und sie schnellstens in die Wohnung zu transportieren. Gehörte er zu den Aufsammlern, atmete ich erleichtert auf. Gehörte der Bruder zu den Herunterwerfern, konnte es passieren, der Zug fuhr an, er kam nicht mehr herunter oder verletzte sich beim Abspringen. Dazu kam das schlechte Gewissen, weil meine Mutter das Kohlen klauen streng verboten hatte. Schließlich nahm sie aus Not, ohne viel zu fragen, die „organisierten" Kohlen und machte Feuer.

So manchen Tag mußten wir im Bett bleiben, weil kein Krümelchen Feuerung im Hause war. Die Fenster im nicht beheizbaren Schlafzimmer waren zugefroren. Dicke Eisblumen verdeckten die Sicht nach draußen. Mit Kirschkernen gefüllte Stoffbeutel, die in guten Zeiten vor dem Schlafengehen in der Bratröhre des Kachelofens erhitzt und zum Vorwärmen der Betten dienten, lagen kalt und nutzlos herum, bis wir sie ergriffen und uns mit ihnen bewarfen. Die Steinebeutelschlachten machten warm und spaß. Wir kamen erst wieder zu uns, wenn ein Beutel platzte und die Kirschkerne in alle Richtungen fielen und in die hintersten Ecken unter die Möbel kullerten. Brav krochen wir nach solchen Attacken wieder unter die Bettdecken, bis Mutter von der Arbeit kam und hoffentlich etwas zum Essen und Heizen mitbrachte.

Oft besuchte ich die Wohnungsnachbarn gegenüber in der interessanten Torwegswohnung. Von einer klitzekleinen Küche gelangte man über ein Treppchen in das Wohnzimmerchen. 1945 waren dort Flüchtlinge, Großmutter, Mutter und zwei Kinder eingezogen. Die junge lebenslustige Kriegerwitwe saß so manche Nacht mit meiner Mutter und anderen jungen Frauen des Hauses beisammen. Dann wurde gelacht, gesungen, unentwegt genäht und geflickt. Unter ihren geschickten Händen entstanden nach dem Motto: „Aus alt mach neu!" Kostüme, Kleider, Anzüge Mäntel mit dem Schick jener Zeit. Leider verstarb die beliebte Nachbarin viel zu früh.
Zu Hunger und Kälte kamen die ewigen Stromsperren. Die Vorräte an Kerzen gingen schnell zu Ende. Petroleum gab es nicht.

Streichhölzer waren knapp. So verkeilten wir uns bei Stromabschaltungen alle zusammen auf der Couch oder im Bett, wärmten einander gegenseitig und schliefen dem nächsten kalten trostlosen Tag entgegen. Das Leben kam mir wie in einer riesigen dunklen Höhle vor, wo auf Schritt und Tritt Gefahren lauerten.

Ein junger Mann wohnte bei uns zur Untermiete. Er drängte sich in die Familie und zu sehr an unsere Mutter. In ihrer Abwesenheit spielte er sich als Familienoberhaupt auf. Wir sollten ihm gehorchen. Instinktiv lehnten wir ihn ab. Er rächte sich auf seine, fast sadistische Weise. Meine panische Angst im Dunkeln ausnutzend, schlich er sich bei Stromsperre in die stockdunkle Wohnung. Ich kauerte alleine auf dem Sofa und wartete auf Mutter und Brüder. Plötzlich kam ein winziges Licht auf mich zu. Ich sprang auf, lief weg, stieß an Möbel, das Licht folgte mir lautlos auf Schritt und Tritt. Manchmal spürte ich Atem und Menschennähe, wußte, das konnte nur der Untermieter sein, der ab und zu an seiner Zigarette sog und hinter mir her schlich. Die Angst machte mich wehrlos. Ich war ihr ausgeliefert. Oft lauerte er im Keller auf uns verängstigte Kinder. Er weidete sich schadenfroh an unserer Angst. Sein heißer unangenehm aufgeregter Atem fuhr mir ins Gesicht, wenn er als Gespenst verkleidet im Torweg auf mich wartete. In ein weißes Bettlaken gehüllt, einen ausgehöhlten, mit Augenschlitzen versehenen Kürbis auf den Kopf gestülpt, drängte er mich an die Hauswand. „Das war doch nur Spaß", höhnte er hinterher, wenn ich endlich seiner Umklammerung entkommen war. Ich haßte den Eindringling um so mehr und ging in den passiven Widerstand. „Du hast mir gar nichts zu sagen. Du bist nicht mein Vater. Wenn der nach Hause kommt, wirft er dich sowieso hinaus!" reagierte ich auf seine Anweisungen. Meiner Mutter verzieh ich kein gutes Wort an ihn. Sie tat meine Beschwerden über ihn als Hirngespinste ab. Irgendwann verschwand er aus unserem Leben. Wir weinten ihm keine Träne nach. Ob nun dieser unsympathische Untermieter oder ein anderer. Meine Brüder und ich hätten damals nie einen anderen Mann an der Seite der Mutter geduldet, geschweige, denn als Vater akzeptiert. Wir liebten unseren Vater sehr und sahen egoistischerweise nicht die junge Frau in meiner Mutter, sondern nur die Mutter, die alleine uns gehörte, bis der Vater zurückkehrte.

Ausgabe von Einkellerungskartoffeln auf dem Bahnhof Schwerin (oben)
Flüchtlinge hausten unter primitiven Verhältnissen (unten)

Typhus

An einem kühlen Herbsttag knickten die Beine unter mir weg. Apathisch blieb ich in der Ecke des Torweges hocken. So lange, bis meine Mutter mich fand. Sie war entsetzt über meinen Zustand, sammelte mich regelrecht vom Boden auf und brachte mich ins Bett. Ich verlor zeitweise das Bewußtsein, fantasierte bei hohem Fieber. Mutter fand eine dicke fette Kleiderlaus, die Überträgerin des Fleckfiebers, in meinem Haar. Später las ich, daß die Infektion des Menschen durch den Stich einer infizierten Laus sowie das Einreiben ihres Kotes in die Bisswunde beim Jucken erfolgt. Beim Blutsaugen setzt die Laus größere Mengen Kot ab, in dem sich, selbst in getrocknetem Zustand die Erreger längere Zeit am Leben halten können. Die katastrophalen hygienischen Verhältnisse in der total überbelegten Stadt waren natürlich ein idealer Nährboden für diese Epidemie.
Mutters düstere Ahnung wurde am nächsten Tag von unserer langjährigen Hausärztin, Frau Dr. Effler, bestätigt. Die Diagnose war eindeutig: Typhus oder doch eher Fleckfieber. Die Symphtome, wie grippeartige Gliederschmerzen, Mattigkeit, Kopfschmerzen,

Appetitmangel, Durst- und Hitzegefühl, Schüttelfrost ließen keinen anderen Schluß zu. Anstecken konnte man sich überall, denn 8000 entkräftete Menschen wurden nach dem Krieg in Schwerin von dieser heimtückischen Seuche heimgesucht. Im Schloß, in Görries und etlichen Schulen entstanden Hilfskrankenhäuser. Die Lehrer untersuchten vor dem Unterricht die Haare ihrer Schüler mit Stricknadeln nach Läusen. Wurden sie fündig, schickten sie die Betroffenen sofort zur Desinfektion in das Stadtbad. Körper und Bekleidung wurden behandelt. Jeder, der dorthin mußte, schämte sich. Hing ihm doch völlig zu Unrecht der Makel der Unsauberkeit an. 37 Ärzte mühten sich aufopferungsvoll um die Kranken.
Trotzdem dauerte es Monate, bis die Epedemie eingedämmt werden konnte.
Für viele Typhuskranke kam jede Hilfe zu spät. Sie starben wie die Fliegen an dieser Nachkriegsseuche in den Krankenhäusern. So viele Särge wie Tote konnten nicht bereitgestellt werden. In Zeitungspapier gewickelt sollen die ausgezehrten Typhustoten damals in die Gräber gelegt worden sein.
Die Anweisung zur Bekämpfung des Fleckfiebers (Flecktyphus) gemäß Runderlaß des

Reichsministers des Inneren vom 13. Februar 1942 verpflichtete auch jetzt noch jeden Arzt, der diese Krankheit diagnostizierte zur unverzüglichen Anzeige des Falles beim Gesundsheitsamt und die Absonderung des Patienten zur Pflege in ein Krankenhaus.
Meine tapfere Mutter und die verständnisvolle Hausärztin schmiedeten ein Komplott, damit mir dieser Weg erspart blieb. Ich sollte leben und wurde versteckt. Beide sowie alle Mitwisser machten sich meinetwegen strafbar. Sechs Wochen lag ich isoliert von allen anderen alleine im Schlafzimmer. Ohrensausen, Flimmern vor den Augen, ja Zustände von Bewußtseinsstörungen plagten mich und deuteten auf einen besonders schweren Verlauf der Krankheit hin. Nur meine Mutter pflegte mich ohne Angst vor Ansteckung, unter Beachtung strengster Desinfektionsvorschriften. Manchmal schaute die Hausärztin vorbei. Sechs Wochen dämmerte ich auf Leben und Tod vor mich hin. Ob und welche Medikamente ich bekam? Ich weiß es nicht mehr. Nur ganz allmählich erwachten meine Lebensgeister wieder. Mir war, als ob ich mich mühsam aus wallenden Nebelfeldern an eine klare helle Oberfläche empor kämpfte. Immer seltener sackte ich wieder in

die wabernden Schleier der Benommenheit. Endlich kam der Tag, an dem ich mich richtig gesund und stark fühlte. Das Abgekapseltsein mußte ein Ende haben. Ich wollte zu den anderen. Alle freuten sich über meine Genesung, wollten helfen, daß ich wieder zu Kräften kommen konnte. Wie? Womit? Ich spüre noch den Ekel in der Kehle, den mir der erste Bissen in eine Schnitte Brot mit Fett verursachte. Ich würgte und konnte nicht essen.

Meine Mutter erklärte verzweifelt: „Die Obenoma hat nach langem Anstehen einen Markknochen erwischt. Er wurde abgekocht und nun sollst du das Beste aus seinem Inneren, das Mark bekommen. Du mußt dich überwinden, sonst war alles vergebens. Iß mir zuliebe", bat sie mit Tränen in den Augen. Dieses Flehen gab den Ausschlag. Ich überwand meinen Widerwillen und aß das Schnittchen mit vielen kleinen Bissen auf.

Bald wähnte ich mich kräftig genug, das Bett zu verlassen. Entschlossen setzte ich mich im Bett auf. Mir wurde schwindelig. Kein Wunder nach dem langen Liegen. Dann auf die Füße gestellt und einen Schritt zum Spiegel gewagt. Das sollte ich sein? Wo waren die schönen langen Zöpfe, auf die ich so stolz gewesen war? Dieses glatzköpfige, zum Skelett abgemagerte Gespenst konnte ich gar nicht sein. Vor Schwäche und Entsetzen brach ich vor dem Spiegel zusammen. Meine Mutter nahm mich in die Arme, streichelte und tröstete mich: „Hauptsache, du wirst wieder ganz gesund. Noch ein paar Tage, dann darfst du ein wenig aufstehen und zu den anderen. Dich wird niemand auslachen, wegen deiner dünnen Haare. Ich erkläre deiner Lehrerin und den Mitschülerinnen, wie krank du warst." Allmählich wuchsen meine Kräfte und der Lebensmut kehrte zurück. Die Kleidung, sogar die ungeliebten langen Strümpfe, schlotterten um meinen abgemagerten Körper, aber ich lebte. Meine couragierte Mutter hatte mir zum zweiten Male das Leben geschenkt.

Und doch war ich dem Tode schon wieder nahe, weil zwischenzeitlich angeordnet worden war, daß die noch nicht erkrankte Bevölkerung gegen Typhus zu impfen sei. Ich war als Erkrankte nicht registriert, mußte also zur Impfung, wenigstens pro forma. Ich solle mich in die Impfschlange einordnen, den geforderten Stempel holen, aber mich nicht wirklich impfen lassen. Für ein geschwächtes

schüchternes kleines Mädchen viel verlangt, zu viel - ich wurde geimpft!
Das Serum gelangte in meine Blutbahn und mobilisierte die durch die Erkrankung in meinem Körper gebildeten Abwehrstoffe gegen Typhus so sehr, daß ich mit starkem Schüttelfrost und Fieber erneut schwer erkrankte. Mein geschwächter Körper überstand, wie durch ein Wunder, auch diese Attacke. Ich sollte leben!
Meine langen, sehr dünn gewordenen Haare wurden abgeschnitten. Den kahlen Oberkopf verdeckte Mutter mit einer Riesenschleife, auch Propeller genannt und brachte mich nach fast einem viertel Jahr Schulausfall in meine Klasse. Viel versäumt hatte ich nicht. Ohnehin mußten alle die zweite Klasse wegen der Kriegseinwirkung wiederholen. Die strenge Lehrerin begrüßte mich freundlich. Niemand lachte über meine Kahlköpfigkeit. Bald ließ ich die schreckliche Schleife weg, weil sie erst recht auf den Schönheitsmangel hinwies. Die Haare wuchsen nie wieder richtig nach. Auf dem Oberkopf blieb eine schwer zu verdeckende kahle Stelle. Eine Beeinträchtgung des Selbstwertgefühls, die ich bis heute nicht wirklich verwunden habe.

Lübecker Str. 89, Tel. 4493

Bakteriologisch-Serologisches Institut, Gr. Moor 30, Tel. 3063

Krankentransport, Bornhövedstraße 78, Tel. 4896.

Kliniken (Privat).

Klinik Dr. Bock, Hals-, Nasen- und Ohrenklinik, Körnerstr. 24, Tel. 4211

Klinik Dr. Reid. Klinik für neurol. Kranke. Vor dem Güstrower Tor 9, Tel. 4248

Nikolaus Steno-Klinik, Chirurgische Klinik. Schliemannstr. 1, Tel. 3652

Augenklinik Dr. Günther, E. Thälmann-Str. 21, Tel. 4381

Krankenhäuser.

Stadtkrankenhaus, Werderstr. Nr. 30, Tel. 5245

Stadtkrankenhaus Seeblick, Bornhövedstr. 78, Tel. 2776

Hilfskrankenhaus Sachsenberg, Schwerin-Sachsenberg, Tel. 3115

Hilfskrankenhaus Görries, Schwerin-Görries, Tel. 4042

Hilfskrankenhaus Mövenburg, Mövenburgstraße, Tel. 2949

Hilfskrankenhaus Friedrichsthal, Friedrichsthal, Tel. Warnitz 11

Tuberkuloseheilstätte Lankow, Schwerin-Lankow, Tel. 2758

Städtische Poliklinik, Röntgenstraße 11, Tel. 3731-3732

Heil- und Pflegeanstalt Sachsenberg, Schwerin-Sachsenberg, Tel. 2844

Anna-Hospital Kinderkrankenhaus, Bismarckstr. 25, Tel. 4279

Apotheken.

Apotheke am Bismarckplatz, Inh. Albert Ott, Tel. 4217

Apotheke am Marienplatz, Inh. Wilhelm Kahl, Tel. 4085

Apotheke am Markt, Pächter Kreisapotheker Günth. Heyn, Tel. 4024

Fritz - Reuter - Apotheke, Inh. Otto Neckel, Wittenburger Str. 40, Tel. 4213

Löwen-Apotheke, Inh. Berthold Bauer, Grunthalplatz 10, Tel. 4135

Moltke - Apotheke, Inh. Georg Brandes, Lübecker Str. 162, Tel. 2208

Sarnow'sche Hofapotheke, Inh. Paul Haake, Puschkinstr., Ecke Friedrichstr., Tel. 4089

Werder-Apotheke, Inh. Karl Beyer, Werderstraße, Ecke Amtsstraße, Tel. 4409

Ärzte.

Amtmann, Valerie, Dr., Münzstraße 19, Tel. 3514, prakt. Ärztin

Asmus, Gerhard, Dr., Geschw.-Scholl-Straße 3, Tel. 4053, prakt. Arzt

Baecker, Friedrich, Dr., Aug.-Bebel-Straße 28, Tel. 2854, innere Medizin

Bandelow, Max, Dr., Lankower Str. 29, Tel. 4090, prakt. Arzt

Baumann, Georg, Dr., Voßstr. 9, Tel. 3392, Homöopath

Behm, Martin, Dr., W.-Pieck-Str. 15, Tel. 4061, Hals, Nase und Ohren

Bertaschy, Dr., Werderstr. 129, Tel. 5111, App. 242, Facharzt für Haut- und Geschlechtskrankheiten

Bieplas, Karl, Dr., Bismarckplatz 23, Tel. 4951, prakt. Arzt

Blumenthal, Franz, Dr., Rostocker Str. 38, Tel. 3075, innere Medizin

Boeck, Friedrich, Dr., Körnerstr. 24, Tel. 4211, Hals, Nase und Ohren

Bock, Matthias, San.-Rat, Dr., Körnerstr. 34, Tel. 4211, Hals, Nase und Ohren

Büll, Alfred, Dr., Bismarckstr. 61, Tel. 3353, Gynäkologie

Deters, Ursula, Dr., Schelfmarkt 5, Tel. 3359, prakt. Ärztin

Drefers, Richard, Dr., Johannesstr. 12, Tel. 3145, prakt. Arzt

Efler, Hanna, Dr., Körnerstr. 17, Tel. 4714, prakt. Ärztin

Eltester, Otto, Dr., Platz der Freiheit 9, Neurologie

Fabb, Walter, Dr., Danziger Str. 2, Tel. 4065, Chirurgie

Fink, Ernst, Dr., Wismarsche Str. 141, Tel. 3008, prakt. Arzt

Freitag, Inge, Dr., Wittenburger Str. 33, Tel. 3730, Neurologie

Grömig, Ursula, Dr., Steinstr. Nr. 30, Tel. 4072, prakt. Ärztin

Grothe, Hilde, Dr., Lübecker Straße 173, Tel. 3423, prakt. Ärztin

Hachez, Sophia, Dr., Schliemannstr. 1, Tel. 3302, Chirurgie

Harmel, Heinz, Dr., Steinstr. Nr. 27, Tel. 3766, prakt. Arzt

Hermann, Gerhard, Dr., Kommandantenstr. 1, Tel. 4179, innere Medizin

Hoehne, Wolfgang, Dr., Obotritenring 37, Tel. 4182, prakt. Arzt

Holling, Theodor, Dr., Aug.-Bebel-Str., Tel. 3186, prakt. Arzt

Huegges, Anna, Dr. Bismarckplatz 13, Tel. 4673, prakt. Ärztin

Jahn, Herbert, Bismarckplatz 5, Tel. 3095, prakt. Arzt

Kahl, Adolf, Dr., Mozartstr. 18, Tel. 3885, prakt. Arzt

Kalliebe, Hans, Dr., Lübecker Str. 41, Tel. 4365, innere Medizin

Kieninger, Georg, Dr., Wismarsche Str. 170, Tel. 4160, Haut- u. Geschlechtskrankheiten

Kima, Theodor, Dr., Orleansstr. 6, Tel. 5111, prakt. Arzt

Kittler, Egon, Dr., Körnerstr. 11, Tel. 4417, Gynäkologie

Kleinmann, Reinhold, Dr., Friedrichstr. 2, Tel. 3593, prakt. Arzt

Lammers, Philipp, Dr., Karl-Marx-Str. 23, Tel. 4390, prakt. Arzt

Lau, Werner, Dr., Taubenstr. 9, Tel. 3377, prakt. Arzt

Lessing, Margarete, Dr., Aug.-Bebel-Str. 3, Tel. 2612, Chir.

Lessing, Ernst, Dr., Aug.-Bebel-Str. 3, Tel. 2612, Chirurgie

Lüders, Otto, Dr., Aug.-Bebel-Str. 1, Tel. 2914, Orthopädie

Mans, Richard, Prof., Dr., Grunthalplatz 8, Tel. 4534, Augen

Marung, Karl, Dr., Grunthalplatz 8, Tel. 4544, prakt. Arzt

Martens, Karl, Puschkinstr. 9, Tel. 6090, prakt. Arzt

Martins, Ludwig, Dr., W.-Pieck-Str. 24, Tel. 4094, Hals, Nase und Ohren

Meyer, Hans, Dr., Sütter Ufer Nr. 43, Tel. 3702, Praxis Karl-Marx-Str. prakt. Arzt

Mohr, Kurt, Dr., Wilh.-Pieck-Str. 13, Tel. 4156, Hals, Nase und Ohren

Möller, Hans, Dr., Beethovenstr. 2, Tel. 3905, prakt. Arzt

Monroy, Carola, von, Dr., Reutzstr. 1, Tel. 3680, inn. Medizin

Naegele, Eugen, Dr., Ziegelsee 3, Tel. 3341, Gynäkologie

Niemann, Walter, Dr., Obotritenweg 127, Tel. 3220, prakt. Arzt

Nipontodt, Nikolai, Dr., Puschkinstr. 57, Tel. 2436, Hautkrankheiten

Ogniwek, Heinz, Dr., Obotritenring 162, Tel. 2727, prakt. Arzt

Paasch, Irma, Dr., Paulstr. 46, Tel. 4298, Kinderärztin

Pabst, Edgar, Dr., Gartenstr. 4, Tel. 3897, prakt. Arzt

Das Gesundheitswesen der Stadt Schwerin wurde in der Nachkriegszeit hart gefordert

Die Anweisung zur Bekämpfung des Fleckfiebers (Typhus) mußte strikt eingehalten werden

Anweisung zur [Bekäm]pfung des Fleckfiebers (Flecktyphus).

Berlin 1942.
Springer-Verlag.

...Arzt vor allem darauf an, den [Kranken] und -verd[ächtigen] unter einwandfreie hygienische ...verständige Pflege zu bringen ... gegen die Übertragung des ... In erster Linie ist für eine g[ute Reinigung] ...enraumes zu sorgen. Eine Ber[atung] ...er Umgebung des Kranken i[st nötig,] ...da auch sie bereits fleckfieber[krank sein] ...können, und schon eine ku[rze] ...[Er]greifen des Rocks des Arztes ... Bett verlauster Personen e[rmö]glichen kann. Deshalb ist ...schon beim ersten Besuc[h des Kranken] ...en oder -verdächtigen vor ... Überzieher ablegt und e[in] ...[glatten] Oberkleid aus glattem Stoff ... an den Handgelenken fest anschließen. ...decke des Kranken darf nur vorsichtig zurück[geschlagen werden,] nie hastig hochgeschlagen werden, weil hierdu[rch] fortgeschleudert und auf die am Bett stehe[nden Per]sonen, ja infolge des entstehenden Luftzuges a[uch auf] einen größeren Umkreis hin verstreut werden [könnten.] Soweit es sich praktisch durchführen läßt, ist [es emp]fehlenswert, der körperlichen Untersuchung vo[n Fleck]fieberkranken und -krankheitsverdächtigen ih[re Ent]lausung vorausgehen zu lassen und sie vorher du[rch ein] Bad gründlich zu reinigen.

VIII. Meldepflicht bei Fleckfieb[er.]

Sobald ein Arzt einen Fleckfieberfall festg[estell]t oder auch nur den Verdacht h[at, daß es sich] [b]ei[m] Kranken um Fle[ckfieber han]deln könne, i[st er nach] [d]en ges[etzlichen Be]stimmungen verpflichtet,

---

Jeder Arzt war verpflichtet zur Anzeige des Falls

Du kriegst gleich einen Katzenkopf

Die Volksschule wurde nach dem Krieg zur Deutschen Einheitsschule. Ich besuchte nun die Grundschule, Fritz-Reuter-Schule I. Fräulein Weidmann war Klassenlehrerin. Sie dominierte in dem Leben ihrer Schüler. Fräulein Weidmann war allgegenwärtig, mehr gefürchtet als geliebt, wegen ihres Bemühens um Gerechtigkeit jedoch allseits geachtet. Alle Schülerinnen buhlten um ihr karges Lob. Umso dankbarer war man, wenn sie eine Leistung lobend anerkannte. Dafür wäre man am liebsten im Erdboden versunken, wenn Fräulein Weidmann tadelnd den Zeigefinger erhob, oder gar mit einem Katzenkopf, sprich einer Ohrfeige, drohte.
Mit den Flüchtlingstrecks war sie aus Stettin nach Schwerin gekommen.
Ich sehe die grobknochige, hagere, hochgewachsene Person, straff aufgerichtet am Lehrertisch stehen. Alles wirkte streng an ihr. Die grau-weißen langen Haare, durch einen akuraten Mittelscheitel geteilt, waren in einer Knotenfrisur geordnet. Sie bevorzugte hochgeschlossene Kleidung. Ihren hellen wasserblauen Augen entging nichts. Feste Sitzplätze hatten wir nicht bei Fräulein Weidmann. Die

Leistung im Diktat entschied z. B. über Rang- und Reihenfolge. Beim Austeilen der korrigierten Hefte und Verkünden der Zensuren erfolgte die entsprechende Umsetzerei. Die Besten in die hinteren Reihen, nach vorne die schwächsten Schüler. Die Sitzordnung gab sofortigen Aufschluß über den aktuellen Leistungsstand. In der letzten Bank saß ich nie, aber fast immer in den hinteren Reihen.

Mit einer Ausnahme bescheinigte mir Fräulein Weidmann in der Spalte Bemerkungen auf den Zeugnissen bis zur siebenten Klasse, daß ich eine interessierte gute Schülerin war. Sie schrieb fast gleichlautend jahrelang folgenden Text: *Hannelore ist eine eifrige und gewissenhafte Schülerin, die am Unterricht lebhaft teilnimmt. Sie ist freundlich, verständig und kameradschaftlich. Sie arbeitet sorgsam und zuverlässig.*

Was veranlaßte sie, in das Halbjahreszeugnis der sechsten Klasse zu schreiben: *Hannelores Verhalten war in der letzten Zeit nicht ganz zufriedenstellend!?*

Nadelarbeit, eines meiner ungeliebten Fächer, nahm ich nie sehr ernst. Waren Proben mit den unterschiedlichsten Stick-

und Nähstichen anzufertigen, wählte ich besonders schmale Musterläppchen aus.
Ohne viel Mühe und Sorgfalt füllte ich, zum Entsetzen meiner Mutter, die jegliche Art von Handarbeit liebte und gekonnt ausführte, schnell die Reihen. Warum 10 Knopflöcher schürzen? Fünf taten es schließlich auch. Vergebliche Liebesmüh, mich mit einem Strickzeug fesseln zu wollen. Der Pullover für meine Puppe wurde nie fertig, weil ich mir keine Mühe gab, zu kapieren, wie Linksmaschen zu stricken sind. Beim Sticken das gleiche Desinteresse. Um dem entgegenzuwirken bekam ich zum Geburtstag eine weiße, mit Aufplättmuster versehene Schürze. Die auszustickenden Streublümchen warteten vergebens auf das Ausfüllen mit buntem Garn. Die Schürze lag unbeachtet so lange herum, bis eine Tante diese ungeliebte Arbeit für mich übernahm.
Als Strafe empfand ich es nicht, daß die fertige Schürze nun eine Kusine bekam.
Das Desinteresse schien meine Auffassungsgabe zu lähmen. Außerdem ließ ich mich nicht gerne zu einer Sache zwingen. Bei freiwilliger Entscheidung und eigenständiger Erarbeitung gelangen auch mir später Handarbeiten.

An eine solche erinnere ich mich noch. Die Pappschablonen, auf denen Sternchenzwirn gewickelt war, sammelten wir, wenn sie leer genäht waren. Mit Wollresten bespannt und im Webstich wieder ausgefüllt fertigten wir viele bunte Wollsterne.
Aneinandergeheftet entstanden bunte Deckchen, Täschchen und Kissenplatten. Meine waren am kleinsten! Die Erwachsenen stellten nach dem gleichen Verfahren aus Papierbindfäden und Holzscheiben mit gezackten Rändern sehr strapazierfähige runde Taschen, je nach Größe der Holzdeckel her. Auch ich besaß solch ein, in der Mitte rot abgesetztes, Behältnis. Luftmaschen häkeln war leicht und machte Spaß. Mir gelangen zufällig in Rundenhäkelei winzige Hausschühchen für Puppen. Darauf war ich stolz. Als die Nebenoma mich aber zum Herstellen von Flickenteppichen, die durch Zusammenhäkeln von Luftmaschenschnüren aus Resten von Damenstrümpfen hergestellt wurden, einspannen wollte, streikte ich.

Ebenso schob ich eine Hausarbeit im Fach Nadelwerkarbeit weit von mir. Der geforderte Turnbeutel lag in Einzelteilen irgendwo herum. Die meisten Mitschülerinnen hatten längst ihre Werke zur Benotung vorgezeigt und in Benutzung genommen. Eines Tages ließ die Handarbeitslehrerin keine Ausrede mehr zu. Sie wollte endlich auch meinen Turnbeutel sehen. Keinen Stich hatte ich getan, schwindelte, der Beutel sei fertig. Ich hätte ihn nur vergessen. „Dann holst du ihn schnell von Zuhause. Du wohnst ja nicht weit", schickte die Lehrerin mich aus dem Unterricht. Mit feuerrotem Gesicht und schweißigen Händen verließ ich die Schule und wußte nicht, wie ich mich aus der Affäre ziehen sollte. Zum Glück war niemand daheim. Ich griff einen, mit der Nähmaschine genähten Beutel, trabte noch aufgeregter zurück in die Schule und präsentierte diesen als selbst genäht. Die Lehrerin warf einen kurzen Blick auf die exakten Nähte, einen verächtlichen Blick auf mich und fragte: „Du bleibst dabei, den Beutel mit der Hand selbst genäht zu haben?" Ich nickte. „Das hätte ich nicht von dir gedacht, daß du mich so frech anlügst. Man sieht auf den ersten Blick, daß der Beutel mit der Maschine genäht wurde. Über dein Verhalten werde ich natürlich Fräulein Weidmann verständigen. Du kannst dich setzen." Ich schlich auf meinen Platz, weder rechts noch links schauend, den

Tränen nahe, wartete ich auf die nächste Stunde bei Fräulein Weidmann.
Sie zitierte mich nach vorne, hielt eine Standpauke über mein schändliches Lügen und meinte zum Schluß: „Dafür bekommst du einen Katzenkopf!" Gesagt, getan. Es war überstanden.
Lügen haben kurze Beine... Es ist nichts so fein gesponnen, daß es nicht kommt ans Licht der Sonnen... oft hörte ich von den Erwachsenen solche Sprüche. Das hatte ich nun am eigenen Leibe erfahren. Eine Lehre fürs Leben!

Herr Strauss, ein bulliger, bärtiger Mann wachte als Hausmeister über Disziplin und Ordnung in der Schule. Sein schwarz-weißer Mischlingshund kläffte, sobald er Schüler sah. Den beiden ging man am besten aus dem Wege. Herr Strauss schimpfte grundsätzlich, unterstützt vom Bellen seines vierbeinigen Gefährten. Wehe, man kam zu spät. Die Schultür wurde mit Klingelzeichen zum Unterrichtsbeginn verschlossen. Da stand dann der arme Sünder und mußte Herrn Strauss herausklingeln.
Er fiel über den Zuspätkömmling her. Man trottete durch die stillen Flure, stand herz-

klopfend vor der Klassentür und traute sich nicht hinein. Ein zaghaftes Klopfen, ein strenges Herein, das peinliche Verhör der Lehrerin nach dem warum, erleichtertes Platz nehmen. Das peinliche Zuspätkommen blieb deshalb bei den meisten die Ausnahme. Es war eher die Norm, lange vor Unterrichtsbeginn auf dem Schulhof mit den Klassenkameradinnen zuammen zu treffen. „Ziehe durch, ziehe durch, durch die goldne Brücke ..., Das Wandern ist des Müllers Lust..., Der Plumpssack geht herum...", schallten die Mädchengesänge bei den Gruppenspielen, die allen Spaß brachten, bevor wir in die Klassenzimmer stürmten. Auch nach dem Unterricht verbrachten wir viele Freizeitstunden in Obhut der Schule, sprich unter der Fuchtel von Fräulein Weidmann. „Wenn hier nen Pott mit Bohnen steiht..." wurde in der Turnhalle so lange geübt, bis wir den Tanz vor unseren stolzen Eltern fehlerfrei aufführen konnten.

Wer träumt nicht davon, einmal als berühmte Schauspielerin auf der Bühne zu stehen? Und nun das: Fräulein Weidmann traute mir nur eine winzige Nebenrolle in dem Stück, welches die Klasse zu Weihnachten im „Haus

der Freundschaft" aufführte, zu. Den Titel habe ich vergessen, aber nicht die Schande, nur mit einem lauten, „Huh, ich bin der Nordwind", über die Bühne sausen zu dürfen. Ich fühlte mich verkannt und falsch eingeschätzt, wie noch oft in meinem Leben.
Im Musikunterricht bei Fräulein Müller wurde diese angebliche Unterbewertung meiner künstlerischen Fähigkeiten manches Mal damit ausgeglichen, daß ich zum Vorspielen auf dem Klavier nach vorne gebeten wurde. Viel konnte ich nicht, aber das dürftige Repertoire trug ich mit Überzeugung vor und nahm mit Freude den Beifall der Klasse entgegen.

Leider resignierte ich immer viel zu schnell, zog mich in ein imaginäres Schneckenhaus zurück. Für mich kämpfen kann ich bis heute schlecht, bin im Innersten das schüchterne kleine Mädchen geblieben, nur anmerken lasse ich es mir nicht mehr so leicht.
Einmal im Jahr wurde ein Klassenfoto gemacht. In der Mitte der ersten Reihe saß Fräulein Weidmann, umringt von 35 Schülerinnen. Fast alle trugen lange Haare zu Zöpfen geflochten, mal mit Hahnenkamm, mal glatt gescheitelt, einige hatten sich mit

einem Samtband oder Haarreifen geschmückt. Das war aber auch die einzige Extravaganz. Kurzer Rock, Bluse, Kniestrümpfe, erbärmliches Schuhwerk, wie Hausschuhe, Klapperlatschen, Igelitschuhe bekleideten die dünnen Mädchengestalten.

Was damals modern war? ich weiß es nicht. Wir wurden mit dem bekleidet, was Mütter, Tanten, Großmütter über den Krieg gerettet hatten. Hauptsache sauber, heil und ordentlich!

14.000 Schüler, dreimal so viel wie vor dem Krieg drängten sich in kalten engen Klassenzimmern von Schwerin zusammen. Über die Hälfte der Lehrer mußten nach dem Krieg den Dienst wegen ihrer faschistischen Vergangenheit quittieren. Neulehrer füllten allmählich die Lücken. Im Dezember 1945 wurde Schulgeldfreiheit verfügt.

Am 26. Mai 1946 wurde das „Gesetz zur Demokratisierung der Deutschen Schule" in Kraft gesetzt. Am 1. Juli gleichen Jahres führte man einheitliche Lehrpläne und im August Sonder- und Förderklassen für begabte Arbeiter- und Bauernkinder ein. Ab dem 2. September gab es wieder Geschichtsunterricht. Aber bis 1950 wurde nach alten Texten aus der Weimarer Republik unterrichtet, weil es noch keine neuen Schulbücher gab.

Ich ging gerne in die Schule.

LANDES-ZEITUNG

Kreislehrertagung

Der Stand der Schweriner Schulen

Elternausschüsse bewähren sich — Schulspeisung muß erweitert werden

Heute werden an den 15 Schweriner Grund- und Oberschulen von 408 Lehrkräften insgesamt 12 590 Schüler (6411 Knaben, 6179 Mädchen) in 3 Grundschulklassen und 28 Oberschulklassen unterrichtet. Von den 408 Lehrkräften sind 119 Neulehrer, die sich allem Pessimismus zum Trotz an den Schweriner Schulen gut bewährt haben. Heute besteht an jeder der 15 Schweriner Schulen, der sich je nach Größe der Schule aus drei bis acht Personen zusammensetzt, und zwar aus Eltern, deren Kinder die betreffende Schule besuchen. Der Elternausschuß soll Bindeglied zwischen Eltern und Schule sein.

Im Schulausschuß, der für die Schweriner Schulen aus 18 Vertretern, und zwar aus je drei der SED, CDU, LDP, Frauenausschuß, FDGB und FDJ besteht, ist bereits viel nützliche Arbeit geleistet worden. Ihm liegt es ob, die Arbeit der Elternausschüsse zusammenzufassen und vor allen Dingen auch die Verbindung mit dem Stadtparlament zur Sicherung der Belange der Schulen herzustellen.

Neben der Neugestaltung des Unterrichts und der Erziehung wurde an den Schulen unter anderem dazu übergegangen, den Solidaritätsgedanken und die Solidaritätshilfe der Schüler zu wecken. So wurde von den Schülern der Fritz-Reuter-Schule in Schwerin für völlig mittellose Umsiedlerkinder eine Sammlung veranstaltet, bei der über 300 Schuhe, Strümpfe, Schürzen und Unterwäsche zusammenkamen. Auch an anderen Schulen wurden ähnliche Sammlungen erfolgreich durchgeführt.

Ganz besondere Aufmerksamkeit wird der gesundheitlichen Betreuung der Schüler und Schülerinnen geschenkt. Erholungsbedürftige Kinder werden auf ärztlichen Rat dem Jugendamt zur Erholung namhaft gemacht. Die vorgesehenen gesundheitlichen Reihenuntersuchungen konnten noch nicht immer regelmäßig durchgeführt werden.

Die Schulspeisung ist noch nicht im befriedigenden Sinne angelaufen. Neben den 12 590 Brötchen, die täglich an die Kinder zur Ausgabe gelangen, ist es bisher nur an der Gerhart-Hauptmann-Schule gelungen, an je vier Kinder jeder Klasse, das sind 400 Kinder, täglich ein zusätzliches warmes Mittagessen auszugeben. Zum Ausbau der Schulspeisung an den anderen Schulen mangelt es bisher noch an den nötigen Kochgelegenheiten.

Die Schulen im Landkreis Schwerin

Ein Einblick in die schulischen Verhältnisse des Landkreises Schwerin zeigt, daß mit dem alten Geist in der Schule endgültig gebrochen ist und daß ein neues Leben und ein neuer Geist in die Schulen eingezogen sind.

Kreisschulrat Volt gibt uns bereitwilligst Auskunft über das, was in den Schulen früher war, jetzt ist und was noch werden muß. Von den 145 Lehrern des Kreises waren 1945 an 94 Schulen mit 137 Klassen und 6615 Schulkindern 125 Lehrer, die der NSDAP angehörten. Heute sind im Landkreis Schwerin 347 Lehrkräfte an 434 Klassen mit 13 297 Schulkindern.

Eine Beeinflussung der Schule im faschistischen und militaristischen Sinne ist in jeder Beziehung im Kreise Schwerin ausgeschlossen. In Geschichtslehrgängen und Arbeitsgemeinschaften werden die jungen Lehrkräfte weitergeschult. Diese sachliche Schulung der Junglehrer kommt über diese auch den Schülern zugute.

Die Schulverwaltung hat allerdings auch viele andere Sorgen. So bei der Beschaffung des Lehr- und Lernmaterials. Trotz aller Bemühungen ist es ihr nicht gelungen, genügend Glas für die Schulfenster und Holz für neue Schulbänke zu erhalten. Es ist unhaltbar, daß zum Beispiel in der Schule in Lißow noch sämtliche Fenster der Schule mit Brettern vernagelt sind und daß an anderen Schulen für einen Teil der Kinder die Schulbänke fehlen.

—h—

1947 gibt es an jeder der 15 Schweriner Schulen einen Schulausschuß

Klassenfoto mit Fräulein Weidmann auf dem Schulhof der Fritz-Reuter Schule I in Schwerin

Fräulein Weidmann faßte ihre Gedanken zum Kommen und Gehen auf dieser Erde in die unten abgebildeten Reime - eine Mitschülerin trug sie wunschgemäß an ihrem Grabe vor.

Ich bin ein leiser Sehnsuchtsklang
aus unbekannten Räumen her -
bin einer Welle Heimatdrang
zum Mutterschoß im fernen Meer -
bin einer Saite dunkler Ton,
der, kaum geweckt, schon windverweht -
ein flücht'ger Traum, der morgen schon
zurück in sein Geheimnis geht.

Gertrud Weidmann

Und einmal wird es sein, da ruh' ich aus -
ein müdes Kind - in mütterlicher Erde.
Doch werd' ich wachsen aus dem Haus
und nähren Busch und Blume, Halm und Herde.

Wenn aus der Scholle neues Leben bricht,
werd' ich der frühlingsträchtigen entsteigen -
und wenn die Felder glühn im Frühlicht,
web' ich um Ähren, die sich schwellend neigen.
Im Sonnenfunken und im Tropfen Tau,
in Morgenwolken, die wie Duft entschweben,
in jeder Blüte, jedem Halm der Au
leb' ich ein neues wundersames Leben.

Und wandert Jugend singend übers Feld
und trägt sie meine Blumen in den Händen,
schweb ich in ihren Liedern durch die Welt,
die ewig klingen - und die niemals enden.

Gertrud Weidmann

Unvergeßliche Ferien in Boltenhagen

So lange ich denken kann gehört das Ostseebad Boltenhagen zu den beliebtesten Ausflugszielen unserer Familie.
Ungezählte Spuren der Großeltern, Eltern, Geschwister, des Mannes, der Kinder und Enkel, in den feinen Ostseesand gedrückt sind von Wind, Wellen und Wasser in den Kreislauf der Natur geweht. Wir werden nicht müde, immer wieder neue zu setzen.
So mehren sich die Erinnerungen an unvergeßliche Begegnungen mit unserem „Familienbad".

Meine jungen Eltern bestiegen in den dreißiger Jahren in Schwerin schwer beladene Fahrräder und zogen mit Freunden, Kind und Kegel zum Zelten nach Boltenhagen. In den Tarnewitzer Dünen errichteten sie ein urwüchsiges Lager. Die Zelte waren schnell aufgeschlagen. Darin hatten sie als „Freie Landfahrer" Übung. An Stöcken befestigte Zeltplanen wurden über das „Leinwanddorf" gespannt. So entstand ein luftiger Mehrzweckraum zum Kochen, Wäsche aufhängen und Aufenthalt bei schlechtem Wetter. Wer weich schlafen wollte, mußte am Strand angeschwemmtes Seegras sammeln, welches nach dem Trocknen als Matratzenfüllung in die doppelten Zeltböden gestopft wurde. Unverwechselbare Schlafstellen! Der Geruch von Fisch, Salz und Muscheln blieb auch nachts in der Nase.

Im Juli 1939 tippelte ich als zweijähriger Nackedei zum ersten Male über den Strand von Boltenhagen schnurstracks auf die Ostsee zu. Vor den Wellen wich ich zunächst verschreckt zurück, verschluckte mich am bitter-salzigen Meerwasser. An der Hand meines großen Bruders überwand ich schnell das Unbehagen vor der Riesenbadewanne. Von da an verbrachte ich die Tage im selbstvergessenen Spiel auf der Sandbank, planschte im flachen Wasser und tobte am Strand.
Nur mit Mühe gelang es den Eltern, uns abends ins Zelt zu locken. Müde von Wind und Wellen fielen uns die Augen zu. Eng aneinander gekuschelt schliefen wir einen tiefen gesunden Schlaf auf unserer Naturmatratze. Das Rauschen des Meeres war in uns.
Sonnenaufgänge, heftige Gewitter, Sturm, Sand, dieser eigenartige Geruch und modrigem Seegras - die Stille und Weite der

Ostseeküste weckten Urgefühle heimatlicher Geborgenheit, die bis heute nachwirken.

Mit Ausbruch des zweiten Weltkrieges war das Ferienvergnügen in Boltenhagen zunächst beendet. Trotzdem hielten wir uns, so oft es ging an frischer Luft auf. Nach der Arbeit im Schrebergarten am Lambrechtsgrund lockte im Sommer danach ein erfrischendes Bad im Lankower See. Barfuß eilte die Kinderschar, ohne die spitzen Steine auf den Sandwegen zu spüren, in die Badeanstalt oder den Terrassengarten von Verwandten, der gleich daneben lag. Die Bade- und Strandbekleidung entsprach der Zeit. Immerhin besaß ich einen Bademantel mit Kapuze, den Mutter aus einem großen weißen Badehandtuch genäht hatte und der den nötigen Sichtschutz beim Umkleiden garantierte. Die frechen Jungen, die uns Mädchen nur allzu gerne ins Wasser schubsten, rangelten und spähten schließlich überall herum. Wir nahmen sie anscheinend nicht zur Kenntnis, bemühten uns jedoch, einen guten Eindruck zu machen. Das gelang mir ganz gut, wenn ich mich nach dem Baden in meinem feuerroten Strandanzug, bestehend aus kurzen Hosen und Bolerojäckchen, zum

Sonnen hinlegte. Bis es soweit war, starb ich tausend Tode an verletzter Eitelkeit. Der weiße einteilige Badeanzug, gestrickt aus aufgetrenntem Zuckersackgarn, der vor dem Bade eher etwas zu knasch saß, hing in nassem Zustand im wahrsten Sinne des Wortes wie ein steifer Sack an mir. So wollte ich natürlich nicht einmal den verschmähten Jungen begegnen.

An vielen Wochenenden wagten wir uns auch mit den Rädern über den Paulsdamm bis an das Retgendorfer Ufer. Die letzte Etappe mußten wir allerdings durch den Sandweg schieben. Die Mühen vergaßen wir beim Spiel an der Uferzone und im ungefährlichen flachen Wasser des Schweriner Außensees. Dort markierten meine Freundin und ich, mit einem Fuß auf dem Seeboden und entsprechenden Bewegungen der Arme, das Schwimmenkönnen. Richtig erlernten wir das Fortbewegen im tiefen Wasser allerdings im Lankower See ganz selbstverständlich von und mit Gleichaltrigen. Das Überqueren des Sees war eine Mutprobe für Anfänger und erst, wenn man diesen Test bestanden hatte, galt man als richtiger Schwimmer. Ich gehörte eigentlich nicht zu den Mutigsten, aber im

Wasser fühlte ich mich wohl wie ein Fisch. Mit sechs Jahren konnte ich sicher schwimmen, auch über den See.

1946 wollte Mutter, trotz der vielen Bademöglichkeiten in und um Schwerin mit uns, wie in alten Zeiten, in den Sommerferien nach Boltenhagen fahren.
Mein jüngerer, im Krieg geborener Bruder, litt an Hautekzemen und Asthma. Vor allem ihm sollte der Aufenthalt an der Ostsee Linderung verschaffen.
Wie sollten Frauen und Kinder von Schwerin nach Boltenhagen kommen?
Meiner einfallsreichen Mutter gelang es schließlich, einen Lastwagenfahrer aufzutreiben, der uns bis Klütz mitnahm. Was er dafür verlangte? Vielleicht Lebensmittelmarken oder Zigaretten?
Von da an hieß es, fünf Kilometer zu Fuß weiter zu marschieren.
Für geschwächte hungrige Nachkriegskinder eine schwere Aufgabe. Die mit Gepäck beladenen Erwachsenen gingen voran. „Wir sind bald da", munterten sie uns wiederholt auf. Der Weg schien kein Ende zu nehmen. Am Ortseingang erzwangen wir eine letzte Rast. Mit Indianergeheul begrüßten wir schließ-

lich den alt bekannten Platz in Tarnewitz und warfen uns in den feinen weißen Ostseesand. Nach dem obligatorischen Seegrassammeln stürzten wir in die lang entbehrte Ostsee. Balsam für die brennenden Füße!

Welch ein Glücksgefühl, mit kräftigen Zügen gegen die Wellen ins Meer zu schwimmen!
„Schwimme nicht zu weit hinaus. Du kannst die Entfernung nicht genau einschätzen. Die Wellen ziehen dich zurück. Du bekommst Angst, Panik, vielleicht einen Krampf und ertrinkst. Auch das Land darfst du nicht aus den Augen verlieren. Dann hast du keine Orientierung mehr. Willst du lange Touren schwimmen, halte dich parallel zum Strand!", warnte meine Mutter. Noch heute beherzige ich ihre Ratschläge, habe sie längst an Kinder und Enkel weiter gegeben.
„Nimm auch bei schönstem Wetter einen reinwollenen Pullover und warme Socken mit zur Ostsee! Das Wetter schlägt schnell um und eine Unterkühlung kann gefährlich sein", lautete eine nächste, bis jetzt in der Familie gültige Grundregel meiner Mutter.
Die Erwachsenen begaben sich täglich auf Beschaffungstour in den Ort. Wir bewachten

währenddessen mit der Nebenoma die Zelte. Oft mußten wir sehr lange warten, bis die Frauen mit irgendetwas Eßbarem wieder erschienen. Lange hatten sie angestanden, um endlich auf Lebensmittelmarken das Nötigste zu erstehen. Trocken Brot, ein paar Pellkartoffeln, mal eine Gurke, kaum Fleisch und wenig Fett. Wir verschlangen alles. Die Seeluft machte zusätzlich hungrig.
Einem ungeliebten Onkel packten wir abends Berge glitschiger Quallen vor den Zelteingang, auf denen er unweigerlich ausrutschen mußte, wenn er den „Donnerbalken" aufsuchte. Sein Schimpfen auf die verflixten Gören war Musik in unseren Ohren.

Welche Schätze entdeckten wir bei stundenlangem Herumstöbern am fast menschenleeren Strand! Seesterne, Donnerkeile, Hühnergötter, Bernsteine und Muscheln wurden gehortet. Zu Hause waren sie Tauschobjekte für Oblaten, Murmeln, Löschblätter, Hefte Bleistifte sowie anderen Krimskrams. Die schönsten Funde behielten wir als Erinnerung selbst.

Unvergeßliche Tage in Boltenhagen

Traum von der Hausmusik

Schicke Hannelore unbedingt zum Klavierunterricht, drängte mein Vater in den Briefen aus dem Felde und erkundigte sich regelmäßig nach den Fortschritten, die der Große beim Klavierspiel machte. Ob er auch fleißig übe?

Natürlich wollte ich auch Klavier spielen können, kannte ich doch den Traum meines Vaters, eines Tages, vereint mit Frau und Kindern, Hausmusik machen zu wollen. Ein Cello sollte unbedingt dabei sein. Wer es erlernen würde war noch nicht klar. Vielleicht hatte der Kleine mal dafür Interesse?

Musik nahm einen zentralen Platz in unserem Leben ein. Vater spielte recht einfühlsam Geige und Bandoneum. Mutter begleitete auf dem Klavier. Sie erfaßte schnell das Wesentliche eines Stückes, konnte sehr gut vom Blatt spielen und wagte sich an die schwierigsten Stücke. Ich bewunderte sie, wollte ihr nachstreben.

Der Große ging bereits zwei Jahre brav zum Unterricht. Seine musikalische Begabung trat zutage. Er lernte schnell und leicht, wie in der Schule, machte kein Aufhebens davon.

Als ich mit sieben Jahren in Begleitung der Mutter meinen Antrittsbesuch bei Frau K. machte, die nun auch mir Unterricht erteilen sollte, spielte er schon passabel Sonaten und Sonatinen. Das wollte ich auch so schnell wie möglich können. Für fünf Mark im Monat würde Frau K. uns Geschwister einmal wöchentlich eine Stunde anleiten, wurde abgemacht.

Mutter legte mir sehr ans Herz, fleißig zu üben, denn das viele Geld dürfe nicht umsonst ausgegeben werden. Ich versprach es, ohne zu wissen, worauf ich mich einließ.

Also wanderte ich von da an jede Woche mit einer Mappe aus Kunstleder, in der die Noten verstaut waren, in die Grenadierstraße zu Frau K. Es dauerte ein Weilchen, bis nach meinem Klingelzeichen geöffnet wurde. Nicht Frau K, sondern ihre Haushälterin Martha, eine kleine verwachsene Person, empfing die Schüler. Beide Frauen waren fast immer schwarz gekleidet. Martha huschte dienend durch die Wohnung. Sie stand ihrer Herrin stets zur Verfügung. Ich sah sie nie lächeln.

Am liebsten hätte ich Frau K. nicht die Hand gegeben. Ihre weichen fleischigen Hände schienen knochenlos. Sicher war das vorteilhaft beim Greifen von Oktaven und Spielen komplizierter Fingerläufe, aber nicht für einen ordentlichen Händedruck. Die schlaffe Berührung unserer Hände verursachte mir Unbehagen, welches in Bewunderung umschlug, wenn Frau K. zur Demonstration ebendiese Hände schnell und leicht über die Tasten gleiten ließ.

Theorie interessierte mich nicht. Ich wollte spielen. Leicht gesetzte Kinderstücke klimperte ich nach Fingersatz und lernte sie bald auswendig. Noten lernen? Tonleitern üben? Wozu? Es ging doch auch ohne. Lange war das Täuschungsmanöver nicht durchzustehen. Entweder ich nahm das Klavierspiel ernst und übte ordentlich, oder ich würde es niemals lernen. Der Mittelweg wurde gewählt, auch bei späteren Klavierlehrern und führte eben auch nur zu Mittelmaß. Man bescheinigte mir Musikalität, leider aber wegen mangelnden Fleißes auch nur beschränktes Können.

So gehörte ich nie zu dem auserwählten Kreis der Vorspieler wie z.B. mein großer Bruder, bei den kleinen Konzerten, die Frau K. regelmäßig veranstaltete. Eltern und Verwandte nahmen dann im Zimmer, wo der Flügel stand, Platz und lauschten den Meister-

schülern, wie z.B. Elisabeth von Bülow.
Der Flügel war eben nur den Besten vorbehalten. Geübt wurde im Vorderzimmer am Klavier. Ich blieb dort kleben. Frau K. hatte sicher nicht den Ehrgeiz, mich zu einer Künstlerin zu machen. Ich trug fünf Jahre zu ihrem Lebensunterhalt bei. Trotz des mangelnden Ehrgeizes auf beiden Seiten, spielte ich mit Inbrunst die einstudierten Stücke, wie z.B.: „Lustig ist es im grünen Wald, wo des Zigeuners Aufenthalt....", „Über den Wellen"...Clementi - Sonaten, „Für Elise", „Rosemarie, Rosemarie..."

Mein technisches Unvermögen setzte dem Repertoire deutliche Grenzen. Es trat besonders deutlich zutage, wenn ich vierhändig spielen mußte. Meine Mutter verlor schnell die Geduld, wenn ich ständig aus dem Takt kam. Ihre Ungeduld verstärkte meine Unsicherheit. Wütend klappte sie den Klavierdeckel zu und verdonnerte mich zum Üben. Geübt wurde besonders in der Adventszeit, zwei- und vierhändig mit dem Großen. So bereiteten wir den Höhepunkt für Heiligabend vor. Verwandte und Nachbarn versammelten sich dann in unserem Wohnzimmer um das Klavier zum Zuhören und Mitsingen. Regelmäßig kamen wir aus dem Takt, verspielten uns, einer gab dem anderen die Schuld. Mit roten Ohren und zusammengebissenen Zähnen entledigten wir uns der Pflicht. Die Zuhörer nahmen es nicht so tragisch, schließlich sangen sie auch nicht in den reinsten Tönen. Wir bekamen reichlich Beifall. Die Bescherung konnte beginnen.

Der Traum meines Vaters von der Hausmusik erfüllte sich nicht. Er blieb vermißt. Die erste Geige fehlte. Der Große wurde mit 15 Jahren zur Lehre nach Stralsund geschickt. Der Kleine zeigte nie Lust, ein Instrument spielen zu wollen. Blieben das Klavier, meine Mutter und ich übrig.
Keine Kapelle, aber wer besaß in den Nachkriegsjahren ein Klavier, wer konnte es spielen? In einer Zeit, wo viele Menschen alles verloren hatten, der Alltag im täglichen Überlebenskampf gemeistert werden mußte, wollte man das Elend auch einmal vergessen, sich freuen, daß der Krieg zu Ende war, wollte feiern, lustig sein! Musik mußte her! Wo steht das Klavier? Dort traf man sich gerne. Mutter spielte alle gängigen Schlager, am häufigsten, „Wenn bei Capri die rote Sonne..." oder „Auf der Reeperbahn nachts um

halb eins..." Die Frauen blieben meistens unter sich, weil die Männer noch in Gefangenschaft, vermißt oder tot waren. Es herrschte eine fieberhafte Vergnügungssucht. Zu viel hatte man entbehrt. Man wußte nicht, was nun kam.
Doch allmählich ordneten sich die Verhältnisse. In den Betrieben wurde die kulturelle Selbstbetätigung gefördert. Jedes Talent konnte sich produzieren. Da wurde z.B. später mit nicht zu überbietendem Pathos auf einer Weihnachtsfeier im Betrieb meiner Mutter von einem dicken rotblonden Kollegen „Prometheus" deklamiert, ich trug ein schwülstiges Weihnachtsstück, ein anderes Kollegenkind den „Fröhlichen Landmann" auf dem Klavier vor. Jeder, der etwas beitragen konnte, war gefragt. Bei uns zu Hause fanden viele Proben statt, eben, weil wir das Klavier besaßen.

Fräulein G. verlangte eines Tages Begleitmusik aus der Oper „Carmen". Sie wollte unbedingt die Titelrolle auf einer Faschingsfeier tanzen. Im Krieg war sie als Tanzgirl umhergetingelt, hatte eine tadellose Figur, die vor dem großen Auftritt in einem verschlissenen schwarzen Seidenkimono steckte.

Zur Generalprobe hatte ich Kusinen und Freundinnen eingeladen. Der Spaß durfte uns nicht entgehen!

Fräulein G. stieg wie Phönix aus der Asche vom unscheinbaren Kimono in ihr selbstgeschneidertes Carmenkostüm. Sie muß gute Freunde im Gesundheitswesen gehabt haben, denn sie gestaltete aus vielen schwarz gefärbten Mullbinden einen gerüschten Stufenrock. Im rotgefärbten Haar steckte ein Federbüschel. Das Gesicht war mit den Restschminkstiften aus der Frontbetreuerzeit grell bemalt. Ihre Strümpfe waren mit einer gezogenen schwarzen Naht optische Täuschung. Aus welchem Fundus die roten Schuhe mit den hohen Absätzen und der Papierfächer stammten? Es war unwichtig. Der Gesamteindruck war so umwerfend, daß wir an unterdrücktem Lachen beinahe erstickt wären. Einer nach dem anderen verließ zeitweise die Vorstellung, um seinem Lachen freien Lauf zu lassen. Mit tränenden Augen, schluckend und prustend verfolgten wir die makabre Vorstellung. Tatsächlich wagte Fräulein G. den geplanten Sprung vom Tisch inmitten des Saales zum Beginn ihres Tanzes bei der Faschingsfeier und brach sich das Bein, vielleicht zu ihrem Besten!?

Die Lebenslage 1948 - so kann es nicht weitergehen

Im Juni 1948 führten die Westalliierten eine neue Währung in ihren Besatzungszonen ein, die Deutsche Mark. Damit war die Spaltung Deutschlands vollzogen. Die Russen riegelten aus wirtschaftlichen Gründen ab. Die entwertete Westmark sollte massenhaft in die sowjetische Besatzungszone einfließen. Am 24. Juni 1948 wurde in der SBZ (Sowjetisch besetzte Zone) eine Notwährung ausgegeben. Alte Banknoten mit aufgeklebten Spezialkupons. Am 25 Juli wurden diese durch neu gedrucktes Geld ersetzt.

Im November 1948 wurden die sogenannten freien Läden geöffnet. In den Läden der Handels-Organisation (HO) konnte man ohne Bezugsscheine oder Lebensmittelmarken Waren zu sehr hohen Preisen kaufen.

Bei einem Durchschnittslohn von 300 Mark waren sie für die meisten unerschwinglich:

1 kg Butter	130 Mark
1 kg Margarine	110 Mark
1 kg Leberwurst	80 Mark
1 kg Zucker	33 Mark
1 kg Mehl	20 Mark
1 Bockwurst	6 Mark

1 Kuchenbrötchen	0,80 Mark
Ein Paar Kunstseidenstrümpfe	36 Mark
Eine Glühlampe	20 Mark
Ein Rundfunkgerät	1400 Mark

In Freien Restaurants kosteten z.B.: Ein Schweineschnitzel mit Bayrischkraut u. Kartoffeln: 29,40 Mark. Eine Portion Sprotten in Öl mit Kartoffelsalat: 12,00 Mark.
Ein Teller Haferflockenspeise mit Fruchttunke: 3,20 Mark. Geldüberhänge wurden so abgeschöpft. Der Schwarze Markt war 1950 verschwunden.
1949 wurden Punktkarten zum Bezuge von Textil- und Schuhwaren eingeführt. Sie waren gestaffelt in Gruppen A bis E, d.h. von 140 bis 60 Punkte.

1 Herrenwintermantel	= 90 Punkte
1 Damenkostüm	= 70 Punkte
1 Oberhemd	= 20 Punkte
1 Hut	= 10 Punkte
1 Meter Gardinenstoff	= 10 Punkte

1 Konfektionskleid auf Punkten kostete zirka 45 bis 141 Mark.

Am 7. September 1949 wurde die Bundesrepublik Deutschland gegründet.
Am 7. Oktober 1949 wurde die Deutsche Demokratische Republik gegründet.

Ein kleiner Lichtblick! Der Große und ich zählten zu den besonders bedürftigen Kindern, die vier Wochen an einer Quäkerspeisung teilnehmen sollten. Blaß und dünn genug sahen wir nach einer gerade überstandenen Hilusdrüsen-TBC (Tuberkulose) aus.
„Sind wir jetzt arme Bettler? - Haben wir gar nichts mehr zu essen?", fragte ich besorgt. Mutter kittete meinen angekratzten Stolz folgendermaßen: „Wir sind reich, weil wir unsere Heimat nicht verloren haben und wir haben aus dem Garten immer so viel zu essen, daß wir keinen großen Hunger leiden müssen, aber ich muß alleine für euch sorgen und deshalb unterstützt man uns. Ich bin froh, daß ihr euch die nächste Zeit so richtig satt essen könnt."
Wer wollte sich in jenen Tagen nicht sattessen!

Jeden Mittag eilte ich von der Fritz-Reuter-Schule im Eilschritt durch die Wall- in die Goethestraße und wartete mit dem Löffel in der Hand mit all den auserwählten ausgemergelten Kindern auf eine sättigende Mahlzeit. Uns fielen bald die Augen aus dem Kopf, als eines Tages drei goldgelbe fettglänzende, dick mit Zucker bestreute Kartoffelpuffer auf den Tellern landeten. Mit solchem Appetit aß ich die Reibekuchen nie wieder. Nun wollte ich aber auch wissen, wer die Quäker waren und warum sie uns solche Köstlichkeiten zukommen ließen. So richtig wußte es keiner. Erst, als Mutter im Lexikon nachschlug, erfuhr ich Näheres. Die Quäker sind eine christliche Glaubensgemeinschaft. Im 17. Jahrhundert in England begründeten sie ihren Bund. Sie treten für Gleichheit, Gewaltfreiheit und Toleranz ein, verweigern aus diesen Gründen den Kriegsdienst. Das gefiel mir sehr, denn sofort stellte ich mir vor, das, wenn wir Quäker wären, mein Vater nicht in den Krieg gegangen wäre.

In Pennsylvania sollten ca. 200.000 Quäker leben. Sie fühlten sich als Mitglieder einer Friedenskirche verpflichtet, notleidende Menschen nach den verheerenden Weltkriegen zu speisen.

Daß die Hilfskomitees der Quäker 1947 für diese urchristliche Hilfe, also auch meinetwegen, die atheistisch erzogen und eingestellt war, mit dem Friedensnobelpreis ausgezeichnet wurden, erfuhr ich erst jetzt.
Danke!

In den Überlebenskampf der Erwachsenen waren wir Kinder ganz selbstverständlich einbezogen. Wir wurden nicht hinausgeschickt, wenn Besuch kam, saßen still zuhörend dabei oder verließen von selbst gelangweilt die Runde. Ich blieb gerne sitzen, nahm alles, was ich hörte sehr ernst.

Manchmal kommt es mir aus heutiger Sicht so vor, daß dadurch ein Teil meiner Kindheit verloren ging. Ich wurde viel zu früh vertraute Partnerin der Mutter, fühlte mich belastet von den Sorgen und immer in der Verantwortung, dazu beizutragen, das Leben unserer Familie verbessern zu helfen. Nicht der Mutter noch zusätzlich Kummer bereiten. Fest zusammenhalten, stark sein, nicht jammern, zupacken. So lebte die Mutter es uns schließlich vor. Eine warmherzige, energische, junge Frau, Anfang dreißig, die alleine für drei Kinder aufkommen mußte, brauchte unmenschliche Kraft, um das zu schaffen.

Ich bewunderte meine Mutter ein Leben lang für ihre Tatkraft und übernahm ihr zu Liebe Aufgaben, die mir gar nicht lagen. Andererseits behelligte ich sie auch nicht mit Dingen, die Ärger bereiten konnten. Lieber griff ich hin und wieder zu Notlügen, um gut dazustehen. Lob ist immer angenehmer, als Tadel. Die Freude über das Ende des schrecklichen Krieges dominierte, trotz der schlechten Lebensumstände. Ein ständiges Kommen und Gehen der Menschen machte die Zeit interessant. Flüchtlinge fanden ihre Angehörigen, zogen ihnen nach oder holten sie zu sich. Einige Männer, in erster Linie verwundete, kehrten aus der Kriegsgefangenschaft zurück. Aber die Hauptlast lag nach wie vor auf den Frauen, die den Krieg durchlitten und jahrelang im Dreck gesteckt hatten, deren Leben nur Entbehrungen kannte.

Ende 1946 lebten etwa 95.000 Einwohner in Schwerin. 37.000 davon waren Umsiedler. Wenn man sich vergegenwärtigt, daß 44% der Gesamteinwohner Frauen, 32 % Kinder und 24%, vor allem ältere Männer ausmachten, ist verständlich, daß 1946/47 35% des städtischen Etats für Sozialfürsorge ausgegeben werden mußte.
In den ersten beiden Quartalen 1946 stellte die Stadtverwaltung 5.500.000 kg Lebensmittel, das entspricht in etwa 370 Eisenbahnwagen mit je 300 Zentnern Füllgewicht, 400.000 Eier und eine halbe

Million Liter Milch auf Lebensmittelkarten zur Verfügung und schaffte darüber hinaus 90.000 kg Weizenmehl, 20.000 kg Käse sowie 65.000 Eier als Sonderzuteilung herbei. Eine gewaltige Versorgungsleistung, die jedoch bei weitem nicht reichte, den Hunger aller zu stillen.

Die meisten Frauen, so auch meine Mutter, hatten keine Arbeit, folglich auch kein Geld, daß auch damals gebraucht wurde, um leben zu können. Die Arbeitsplätze waren dünn gesät. In Schwerin gab es 1949 nur wenig größere Industriebetriebe, wie bei der Torfgewinnung oder im Bauwesen. Die Kleiderwerke mit über 400 Beschäftigten, die Zigarettenfabrik „Unitas" mit über 200 Werktätigen und die Deutschen Holzwerke mit etwa 100 Arbeitern zählten zu den Großbetrieben. In Handels-, Verkehrs- und Verwaltungsbetrieben arbeiteten jedoch insgesamt viel mehr Menschen.

Damals blühte der Schwarzmarkt. Für diese Geschäfte war meine Mutter nicht clever genug. Sie versuchte, einige wenige Dinge von Wert im privaten Bereich zu verkaufen. Bücher, die Geige meines Vaters, Noten, ein wenig Silberschmuck. Viel war nicht vorhanden. Wirklich wertvolle Gegenstände befanden sich nicht in unserem Besitz. So hangelten wir uns schlecht und recht durch. Mit Wehmut nahm Mutter das Bandoneum vom Vater aus der handgearbeiteten Truhe. Ein Liebhaber hatte sich gefunden, der bereit war, eine kleine Summe für das geliebte Instrument auf den Tisch zu legen. Ich war bei dem Handel dabei und spürte den Kummer meiner Mutter.

Sie straffte sich und sagte: „So geht es nicht weiter. Ich muß mir eine richtige Arbeit suchen, anders kommen wir nicht durch. Du bist ein vernünftiges Mädchen und wirst für deinen kleinen Bruder aufpassen. Im Haushalt brauche ich natürlich auch mehr Hilfe von dir. Oma kann mal nach euch sehen. Der Große ist schon selbständig. Gut, daß ich einen Berufsabschluss als Buchhalterin habe!" „Was ist, wenn Vati zurückkommt? Hörst du dann wieder auf zu arbeiten?", fragte ich. „Neulich sind wieder Züge mit Kriegsgefangenen angekommen. Ich war auf dem Bahnhof. Bestimmt ist er auch bald dabei," ergänzte ich, hoffnungsvoll zur Mutter aufschauend. Sie senkte den Blick, drückte meine Hand, blieb stumm.

„Ich denke, Vati will wieder in der Werkstatt arbeiten und du hilfst ihm dabei, wie früher", mischte der Große sich ein. „Mir kommt es so vor, als ob uns gar nichts mehr von der wieder aufgebauten Werkstatt und dem Haus gehört. Vati ist bestimmt nur in Kriegsgefangenschaft und kommt zurück. Dann wird alles wieder so schön, wie früher", fügte er hinzu.
„Wir wollen daran ganz fest glauben", ermutigte sie uns.

Konnte sie hoffen? Oft genug war ich Zeuge bei Gesprächen mit Kameradenfrauen, die sich zum Verbleib ihrer Männer austauschten. Alle warteten sehnsüchtig auf ein Lebenszeichen von ihnen, die als Soldaten gemeinsam an verschiedenen Frontabschnitten eingesetzt und zusammen Anfang 1945 an die Ostfront nach Oberschlesien befohlen worden waren. Wie vom Erdboden verschwunden, alle die jungen Familienväter. Vermißt für alle Zeiten!

In einem 1956 geschriebenen Lebenslauf schildert meine Mutter ihre damalige wirtschaftliche Lage wie folgt:
„ *...In der Zeit meiner Ehe war ich als helfen-*

des Familienmitglied im Geschäft meines Schwiegervaters, einer kleinen Fahrradreparaturwerkstatt, tätig, indem ich schriftliche Arbeiten verrichtete.

In dem Geschäft arbeiteten neben meinem Schwiegervater auch seine beiden Söhne. 1941, als der Vater meines Mannes starb, ging das geschäftliche Eigentum an die beiden Söhne über. Da mein Mann bereits 1939 zum Fliegerhorst Görries dienstverpflichtet wurde, haben wir überhaupt noch keine Geschäftshandlungen tätigen können. Die am 7.4.1945 bei einem Bombenangriff zerstörte Werkstatt, baute mein Schwager nach seiner Rückkehr aus dem Felde mit fremdem Geld wieder auf. Bis 1949 erledigte ich für ihn ebenfalls schriftliche Arbeiten, wofür ich monatlich ca. 80,- DM bekam. Da mein Mann am 16. 1. 1945 vermißt gemeldet wurde, haben meine drei Kinder und ich einen gesetzlichen Anspruch auf die Hälfte der Einrichtung dieser Werkstatt. Bei dem geringen Wert der Maschinen würde sich der Anteil auf höchstens 400,- DM belaufen. Zuwendungen irgendwelcher Art habe ich nicht bekommen und auch nicht zu erwarten. Zu meiner Vermögenslage möchte ich weiter bemerken, daß durch den Tod der Schwieger-

eltern ein Drittel ihres anteiligen Drittels an dem Grundstück meiner Familie zusteht. Der Wert ist so gering, daß nicht von Vermögen gesprochen werden kann. Auch hiervon habe ich keine Zuwendungen.
Im Laufe der Zeit wurde meine Hoffnung auf ein Wiederkommen meines Mannes immer geringer, meine wirtschaftlichen Verhältnisse immer schwieriger, so daß ich mich entschloß, mein Schicksal selbst in die Hände zu nehmen. Am 1. 3. 1949 nahm ich eine Tätigkeit, zunächst als Stenotypistin, bei der damaligen „Vereinigung Volkseigener Werften" auf..."
(VVW)

Das erste Gehalt meiner Mutter feierten wir mit köstlicher Torte aus dem HO-Laden. Ein Stück kostete 9,40 DM. Nur die übergroße Freude zu dem ersten Schritt in die Unabhängigkeit erklärt die überdimensionierte Ausgabe. Sie verschlang eigentlich einen nicht vertretbaren Anteil, des soeben von meiner Mutter in der Kasse als Barauszahlung entgegengenommenen Netto-Monatslohnes von 247,- DM. Das Brutto-Gehalt betrug 275,- DM, abgezogen wurden 5,50 DM Lohnsteuer sowie 27,50 DM Sozialabgaben.

Mit Genuß Erfolge feiern, sich für besondere Leistungen belohnen zu können, wurde bis heute gepflegte Familientradition. Bis zum nächsten lukullischen Höhenflug verging viel Zeit mit Warten auf unsere berufstätige Mutter.

Zum Beispiel, erwartete sie uns täglich zum betrieblichen Mittagstisch. Nach der Schule machten wir drei uns auf den Weg in die Goethestraße und beobachteten vom Dach der öffentlichen Toiletten das Kommen und Gehen in dem gegenüberliegenden großen Gebäude, in dem die VVW (Vereinigung Volkseigener Werften) untergebracht war. Pünktlich erschien Mutter selten. Trat sie endlich aus der Tür, stürmten wir, zwei Stufen auf einmal nehmend, die Treppe hinunter und liefen mit knurrenden Mägen in die Klosterstraße, wo die Betriebskantine war. Mitleidige Essenfrauen füllten die Teller reichlich, für wenig Geld. Mutter konnte beruhigt wieder ihrer Arbeit nachgehen, während wir nach Hause eilten.

Sie vertraute auf unser Pflichtgefühl bei der Erledigung der Hausaufgaben, das wir beiden älteren selten enttäuschten. Der Kleine, unser krankes Sorgenkind, brauchte viel mehr Zuwendung und vermißte die Mutter am meisten. Die neue Situation ließ uns schnell selbständig werden. Das ging nicht ohne Zank und Streit ab. Ich wehrte mich vergebens gegen die mir von den Brüdern zugeteilte Rolle der „Ersatzhausfrau". Nur der Mutter zuliebe übernahm ich solche ungeliebten Aufgaben, wie Abwaschen, Staubwischen usw. Die Jungen verstanden es meisterhaft, sich davor zu drücken. Ganz alleine waren wir nie. Onkel, Tanten, Omas, Bekannte, Nachbarn hatten ein Auge auf uns, aber unser Status im Haus änderte sich unmerklich. Jedenfalls empfand ich mich mehr und mehr unbeschützt, alleine, ausgestoßen und oft von den Erwachsenen ungerecht behandelt. Nun fehlte nicht nur der Vater, sondern auch die Mutter war den ganzen Tag fort. Andrerseits genossen wir die dadurch entstandenen Freiräume, nutzten jedoch nie das Vertrauen der Mutter im bösen Sinne aus. Sie konnte sich auf uns verlassen.

Der regelmäßige Verdienst der Mutter sicherte eine bescheidene Existenz. Neben dem Gefühl von Diskriminierung wuchs so der Stolz auf ein von Allmosen unabhängiges Dasein. Für Taschengeld reichte es nie. Von Lohnauszahlung zu Lohnauszahlung quälten wir uns durch, gekauft wurde, was unbedingt für Schule und Leben nötig war. Theater, Kino und Klavierstunden gehörten selbst in diesen knappen Zeiten zu den fest eingeplanten Posten der Ausgabenseite. Wir kannten die Lage und äußerten so manchen geheimen Wunsch erst gar nicht. Mutter gab uns mit auf den Weg, wie wichtig es ist, aus eigener Kraft voranzukommen und wie stolz man sein kann, sich nicht vor anderen klein machen zu müssen. Darin steckte viel Härte, feite aber auch gegen Anfechtungen und machte Mut.

Ein Schiffsmodell der Vereinigung Volkseigener Werften
1949 wurde die Mutter als Stenotypistin in diesem Betrieb tätig

Verschickt nach Zingst

Ich war zwölf Jahre alt, als ich im April 1949, schweren Herzens, die erste weite Reise mit meinem kleinen Bruder ohne mütterlichen Beistand antrat. Die Angst und Unsicherheit vor dem Unbekannten verbarg ich, so gut es ging. Schließlich sollte der Bruder, für den ich ja nun die Verantwortung hatte, nicht merken, daß mir zum Heulen war. Es gab ja auch keinen Grund zum Traurigsein, denn es lagen ja ein paar Wochen der Erholung auf dem Darß in Zingst vor uns. Resultierte die Bedrückung nicht vielmehr daraus, daß uns wegen der gefahrvollen Kriegs- und Nachkriegszeit immer wieder eingebläut wurde, in der Nähe der Wohnung zu bleiben, um wenigstens beisammen sein zu können, auch wenn das Schlimmste eintreten sollte. Das saß tief.

Mutter staffierte uns entsprechend der Möglichkeiten aus. Uwe der Kleine, bekam neue lange Hosen aus alten gewendeten Anzügen des vermißten Vaters, ergänzt mit gestreiften Oberteilen aus derbem Stoff, sogenannten „Schlachterhemden". Für mich entstand ein schmuckes Matrosenkleid. Wenn nur der

dunkelblaue Stoff auf Bezugsschein nicht so gekratzt und gefärbt hätte! Alle Bekleidungsstücke wurden, wie gefordert, mit unseren Anfangsbuchstaben bestickt. Decken und Bettwäsche sollten mitgebracht werden, so wuchs das Gepäck, trotz dürftiger Ausstattung, zu einem beachtlichen Berg an.
Auf dem Bahnhof beäugten wir Verschickungskinder verstohlen die anderen Mitfahrer. Ich entdeckte ein Mädchen aus dem Nebenhaus.
Den Müttern merkte man die Freude über die Verschickung ihrer unterernährten Kinder an. Vier Wochen bei bester Verpflegung und guter Betreuung waren zugesagt, ein unerhörter Glücksfall für die „Auserwählten".

Mutter versorgte besonders mich, als großes Mädchen, mit vielen Verhaltensmaßregeln. In erster Linie hatte ich für den Kleinen aufzupassen und da zu sein. Die Verantwortung für meinen Bruder in weiter Ferne war etwas anderes, als zu Hause. Tapfer nahm ich den Kleinen an die Hand, unterdrückte das schon jetzt aufkommende Heimweh und stieg in den Zug. Nur nicht weinen! Wir winkten der Mutter, bis sie im Horizont aufging. Sie war ebenso tapfer, wie wir.

Je näher wir dem Ziel kamen, desto mehr wich die Angst. Vorfreude und Abenteuerlust erwachten. Zaghafte Annäherungsversuche zu den, mit auf die Reise geschickten Kindern, verkürzten die Zeit. Endlich erreichten wir das Erholungsheim „Min Hüsung" in Zingst. Nach den Turbulenzen der Einweisung, der Aufteilung in Gruppen, nach Alter und Geschlecht, fielen wir todmüde auf die Betten in den überfüllten Räumen. Vorher vergewisserte ich mich, ob der kleine Bruder gut untergebracht war. Die Kälte unter den viel zu dünnen Decken spürten wir in dieser Nacht nicht.

Mädchen und Jungen blieben fortan in getrennten Gruppen. Wir sahen uns nur zu den Mahlzeiten im Tagesraum. Durch den zu riesig empfundenen Saal hallten dann Gelächter und Geschrei. Die Verständigung mit dem Kleinen beschränkte sich auf diese Zeiten. Zu schwesterlichen Erziehungsmaßnahmen reichte es nicht. Oft war er in Rempeleien verwickelt. Ich konnte froh sein, wenn es mir gelang, die übermütigen Rangeleien etwas eindämmen zu können.

Wir größeren Mädchen konnten es kaum erwarten, beieinander zu hocken, um atemberaubende Neuigkeiten auszutauschen.

Erregende, noch nie so empfundene Wärme breitete sich im Körper aus, wenn die kichernde Mädchenschar, eng aneinander gedrängt, der großmäuligen Gisela aus Berlin lauschte. Sinnigerweise riefen wir uns mit unseren Namen, wie sie rückwärts gelesen würden. Mein Name wurde zu dem exotisch klingendem Erolennah ßraab. So ließ ich mich sehr gerne rufen.

Die Gisela kam schlechter weg. Drehte man ihren Nachnamen um, wurde daraus Wolarsch. Das paßte zu der frechen Göre. Dünn, blaß, rötliche dünne Haare, Sommersprossen, Berliner Schandschnauze. Sie wußte angeblich, was Männer und Frauen so miteinander trieben und wie Kinder gemacht werden. Ich bekam rote Ohren. Nein, das hatten meine Eltern niemals getan, solche Sauerei!

Das neue Wissen teilte ich unmittelbar nach der Heimkehr meiner besten Freundin mit. Wir lasen wochenlang heimlich im „Kochbuch" alles über Mann und Frau, Schwangerschaft und Wochenbett. Giselas Berichten entsprach das nicht, aber die sexuelle Neugier war angestachelt. Fragen nach solchen Dingen waren damals tabu. Darüber sprach man nicht. Das zusammengereimte Halb- mehr Falschwissen begleitete mich bis in die ersten Erlebnisse mit dem anderen Geschlecht. Bekam man nicht doch vom Küssen Kinder?

Die frische Ostseeluft tat gut, aber sie machte noch mehr Hunger, als sonst. Die Essenrationen wurden immer kleiner, auch die Art der Gerichte entsprach überhaupt nicht unseren Erwartungen. Das Gemaule über die schreckliche Mehlsuppe zum Frühstück verstärkte sich. Die Gerichte zu Mittag und Abend wurden immer dürftiger. Das entband uns jedoch noch lange nicht von der Pflicht, die Dame Heimleiterin morgens und abends mit Chorgesang zu erfreuen. „Tante Ilse" erschien für einen kurzen Moment in der geöffneten Wohnungstür, schenkte den Sängern ein huldvolles Lächeln und verschwand wieder in ihren Gemächern, die wir niemals betraten. Wir trollten uns hungrig in den Essensaal.
Sie hatte angewiesen, daß jeder Brief von uns nach Hause kontrolliert wurde. Lange Zeit erfuhren deshalb unsere Angehörigen nicht, wie schlecht wir mit Essen versorgt wurden, bis es einigen gewitzten älteren Mädchen gelang, die Zensur zu umgehen. Sie schmug-

gelten wahrheitsgetreue Berichte aus dem Haus. Die ersten Eltern tauchten im Heim auf, um ihre Kinder vorzeitig abzuholen. Untersuchungen begannen. Die Dame Heimleiterin verschwand plötzlich. Man nannte sie eine Schieberin, die sich auf Kosten der Kinder bereichert hätte. Die letzten Tage kamen wir endlich in den Genuß, der uns zustehenden Sonderverpflegung. Sogar Schokolade und Kakao waren dabei.
Das Heimweh blieb. Die Sorgen der Mutter wuchsen, wie aus folgenden Briefen ersichtlich wird:

Schwerin, 7.4.49

Mein lieber Strolch, mein kl. süßer Uwe!

Eben habe ich einen Brief an Hannelore geschrieben u. nun denke ich, mußt Du auch gleich einen haben. Na, Uwi, wie gefällt es Dir dort am Wasser? Bist noch nicht reingeplumpst? Ißt Du auch schön u. was macht Dein Husten? Artig bist Du ja immer, wie? Ich habe immer gedacht, na, wenn ich heute von der Arbeit komme, ist ein Brief von Uwe da. Aber nein, nur eine Karte habe ich bekommen. Was spielt Ihr denn den ganzen Tag? Du, Uwe, sind Deine Schuhe noch heil? Hoffentlich noch. Ob der Osterhase dort wohl auch etwas bringen wird? Du Uwe, Dieter Trilk war neulich hier u. hat das Geld abgeholt, welches Du gesammelt hast für die Rollos. Wo hast Du die Namen aufgeschrieben von den Kindern? Ich kann nichts finden. Nun wissen die in der Schule gar nicht, wer eigentlich bezahlt hat. Schreibe Mutti mal, wo Du dies hast. Bist Du schon tüchtig braun? Wenn Du u. Hanni wiederkommst machen wir ein Fest, nicht wahr? Nun will ich aber schließen.

Ich grüße Dich vielmals u. gebe Dir einen dollen Süßen. Deine Mutti.

Schwerin, 7.4.49

Meine liebe, liebe Tochter Hannelore!

Jetzt habe ich aber schon wirklich 3 Briefe oder noch mehr von Dir bekommen. Ich habe nur den einen Wunsch, daß es Dir gut geht. Liebe Hanni, wie kommst Du mit dem Zeug hin? Ich schicke Dir bald etwas Stopfgarn! Habt Ihr die Decken schon erhalten? Ich habe die große gelbe u. die kl. bunte hingeschickt. Hanni, Du schreibst von Ostern. Ich will Dir mal was sagen. Ostern mach ich nicht viel u. an mei-

nem Geburtstag auch nicht. Aber wenn Ihr nach Hause kommt, Anfang Mai, dann wollen wir mal sehen, was sich machen läßt. Dann bin ich mit dem Geld u. allem anderen wohl auch besser in Ordnung. Diesen Monat war doch noch allerhand zu krebsen. Ich nehme an, daß Ihr dort Eure Sonderzuteilung auch bekommt u. schönen Kuchen. Hanni, wie abgemacht schicke ich Euch nichts zum Fest, Mutti geht es noch immer gut. Auch Klaus ist auf dem Posten. Ich freue mich, wenn Ihr wieder hier seid! Jeder Brief, den Du schreibst, ist für mich eine große Freude u. bitte ich, daß Du so oft schreibst, wie Du kannst. Für heute schließe ich u. grüße Dich vielmals.

Viele Küsse meiner lieben Hanni - Deine Mutti.
PS- Geld kann ich Dir im Augenblick nicht schicken. Du hast doch so viel da?

Schwerin, 21.4.49

Meine liebe Tochter Hannelore!

Heute habe ich schon wieder Post von Dir u. Uwe bekommen. Du weißt ja, daß ich mich immer sehr darüber freue. Eins will ich Dir sagen, Mutti ist froh, wenn Ihr wieder hier seid u. wir wieder schön zusammen sein können. Nun noch eines, Hanni, hier kommen so viele Klagen über das Heim dort. Neulich waren zwei Mädchen hier u. sagten, daß unser Uwe immer von anderen Jungs verhauen würde. Paßt denn da niemand für die kleinen Jungs auf? Wenn das stimmen sollte, dann gibt es aber was. Schreibe Du mir mal offen u. ehrlich, ob Ihr satt werdet u. es sonst dort gut war. Habt Ihr zu Ostern Eure Zuteilung erhalten an Obst und Kuchen?

Ich hoffe doch stark, daß dies der Fall war. Du weißt ja, daß Mutti sich nicht um das Gerede der anderen Kinder kümmert. Aber letzten Endes habe ich mich ja von Euch getrennt, damit Ihr Euch vor allen Dingen erholt u. Eure Gesundheit gekräftigt wird. Bei meiner Arbeit geht alles seinen Gang. Im nächsten Monat soll ich mehr Geld erhalten. Hoffentlich bleibt es alles so u. kommt nichts dazwischen. Klausi hat Euch aber auch schon geschrieben. Auch für Oma habe ich zwei Karten geschrieben, die ich heute mit abschicke. Was macht Uwe? Denkt er auch noch an Mutti? Liebe Kinder, seid nicht traurig. daß ich Euch keinen Kuchen u. Bonbons zu Ostern geschickt habe. Aber Mutti konnte von dem Wenigen nichts abnehmen.

Klaus hat auch keine Ostereier bekommen. Wenn Ihr nach Hause kommt, holen wir alles nach.

Für heute Schluß u. seid nun herzlich gegrüßt von Eurer lieben Mutti.

Viele süße Küsse für den kleinen Stups u. auch für meine Hanni.

5,- RM schicke ich Dir hier mit. Hanni, jetzt kommst Du bald, was?

Die angestaute Sehnsucht nach Hause entlud sich in haltlosem Schluchzen, als ich meiner Mutter auf dem Bahnhof bei der Rückkehr in die Arme fiel. Nie wieder wollte ich wegfahren. Schon gar nicht nach Zingst!

Vordere Reihe die erste von rechts Hannelore Baarß
Verschickt 1949 nach Zingst - das Kinderheim „Min Hüsung"

Bücher meine besten Freunde

Ein Leben ohne Bücher war und ist für mich unvorstellbar. Eine Wohnung ohne Bücher finde ich unpersönlich und kahl.
Zuerst ahmte ich bestimmt nur die Erwachsenen nach, die, so wie die Zeit es zuließ, immer ein Buch vor der Nase hatten. Oma, Mutter, Bruder... gingen nie ohne Buch ins Bett. Ein paar Seiten vor dem Schlafengehen mußten sein. Noch etwas lernte ich schon als kleines Mädchen: Bücher sind wertvoll, man muß sorgsam mit ihnen umgehen. Die Bücher gingen von Hand zu Hand, zum Schutz in Zeitungspapier eingebunden, bis alle Verwandten und Bekannten sie gelesen hatten.

Ach wenn ich doch schon lesen könnte! dachte ich ungeduldig im Vorschulalter. Aber es gab ja auch wunderbare Bilderbücher, wo man sich selber Geschichten ausdenken konnte. Eines meiner Lieblingsbücher bekam ich mit fünf Jahren von einer Nachbarin geschenkt: „Herzblättchens Zeitvertreib" war der neckische Titel der in goldener kunstvoll verschnörkelter Schrift auf dem roten Einband prangte.

Herzblättchen hatte mich noch niemand genannt und auch die Bilder in Schwarz-Weiß führten eine mir fremde Welt vor. Das reizte zum Fragen und fachte die Fantasie an. Solch prachtvolle Salons mit reich gekleideten Herrschaften und Kindern. Gab es das wirklich? Ich konnte mich nicht sattsehen an dem niedlichen Herzblättchen mit den langen Korkenzieherlocken. So wollte ich auch einmal aussehen! Schon morgen, wenn ich mit Mutter ins Theater ging. „Peterchens Mondfahrt" wurde gegeben. Mutter tat mir den Willen und drehte meiner Freundin und mir die Haare ein. Ich zog das grüne Samtkleid mit gesmokter Passe (aus einem Kleid meiner Mutter genäht) über, bevor die Locken ausgekämmt werden sollten. Leider hatten meine Haare nicht die nötige Spannkraft und zu allem Unglück regnete es auf dem Weg zum Theater. Mit den Herzblättchen-Korkenzieherlocken hatte meine Frisur keine Ähnlichkeit mehr. Ich war sehr enttäuscht. Wunsch und Wirklichkeit stimmten, wie so oft, nicht überein.

Als ich endlich lesen konnte, war kein geschriebenes Wort vor mir sicher. Ich stöberte in den Bücherregalen und verschlang alles, was mir unter die Hände, vor die Augen kam. Ich vertiefte mich genauso interessiert in „Knauers Konversationslexikon", wie in „Grimms Märchen".

Ich glaube zum Standard damals gehörten in jeden Haushalt die Werke von John Knittel. Ich litt und liebte mit Silvia in Via Mala, verfluchte den Säufer Lauretz und war erlöst, als Andi sich über alle Konventionen hinweg zu seiner Geliebten bekannte. Tränen der Erleichterung flossen nicht zu knapp.

Ähnlich ging es mir mit dem Schicksal der Therese Etienne, der Welschen, die mit ihrem Geliebten ihren alten Ehemann vergiftet und doch kein Glück findet. Und noch ein Buch übte nachhaltigen Eindruck auf mich aus: „André und Ursula", ein Antikriegsbuch aus der Zeit des ersten Weltkrieges. Die Deutsche Ursula findet das Kriegstagebuch des Franzosen André. Ihr Vater hat gegen ihn gekämpft und gelangte in den Besitz seiner Aufzeichnungen. Ursula nimmt, im Glauben André sei tot, Kontakt zu seinen Angehörigen auf. Der Totgeglaubte lebt. Sie reist zu ihm nach Frankreich, sie verlieben sich, aber André verunglückt.

Die unterschiedliche Lebensweise von Deutschen und Franzosen interessierte mich sehr und ich verfluchte den Krieg, der mir meinen Vater genommen hatte noch mehr.

Die „Nesthäkchen Bände" besorgte ich mir von Nachbarn, Schulfreundinnen, las sie nicht in der Reihenfolge, sondern gerade wie sie mir in die Hände fielen. Sie erinnerten mich an das Herzblättchen meiner Vorschulzeit, nur ein bißchen kesser und moderner war diese verwöhnte kleine Hauptperson. Ich las es und vergaß es. Viele Jahre später, in den neunziger Jahren, besuchte ich eine Ausstellung in Steinhude, die zu Ehren der Verfasserin des Bestsellers „Nesthäkchen" in Folge, zusammengetragen war. Dort erfuhr ich das makabre Schicksal der Autorin: Sie kam im KZ um, weil sie Halbjüdin war, obwohl sie den Nationalsozialisten keineswegs ablehnend gegenüber stand und sicher die Töchter der braunen Bonzen ebenso ihre Bücher verschlangen, wie alle anderen jungen Mädchen auch.

Zu dieser Art Bücher gehörte auch „Barfüßele". Das Schicksal des armen Mädchens aus dem Schwarzwald beschäftigte mich sehr. Ganz anders die Bände über „Trotzköpfchen".

„Papa, Papa, Diana hat Junge!" schrie das

aufsässige Mädchen aus gutem Hause in der ersten Zeile des ersten Bandes und wieder war ich in der Welt der Reichen und Verwöhnten.

So pendelte ich in den ersten Lesejahren zwischen der Scheinwelt von arm und reich hin und her, beeindruckt von den herzzerreißenden Schicksalen, die zum Glück fast immer ein gutes Ende fanden.
Das änderte sich schlagartig, als ich 1948 voller Stolz von der Mutter zu meinem 11. Geburtstag das Buch „Maria Sybilla Merian" mit einer Widmung entgegennahm. Ein wunderschöner Blütenkranz zierte den Einband und naturgetreu gezeichnete Pflanzen schmückten die Kapitel. Abgesehen von wenigen Kinderbüchern, war damit der Grundstock für meine Bibliothek gelegt.
Diese Merian hatte wirklich gelebt, hatte alles selbst erlebt. Die mutige Frau, die über ihren Naturstudien alles vergißt, die mit Entdeckerfreude und Können das Werden und Wachsen von Pflanzen und Getier beobachtet und so gekonnt zeichnet, daß es bis heute standhält, imponierte mir sehr. Von da an interessierte ich mich mehr für Geschichte und wahre Schicksale.
Neugierig, hungrig nach Bildung und Wis-

sen verschlang ich aber genauso interessiert Bücher, die von einer neuen sozialistischen Welt kündeten: „Galja die Tänzerin", „Es blinkt ein einsam Segel", „Wie der Stahl gehärtet wurde", „Flaggen auf den Türmen", „Der Weg ins Leben", „Die Krähe ist ein Frühlingsvogel". In diesen Werken wurde von Sowjetmenschen und ihren heroischen Taten berichtet. Ein ganz neues Menschenbild erstand vor meinen Augen. So sollte die neue Zeit auch bei uns werden. Das waren Vorbilder. Sie hatten ja auch für uns gelitten.

Die russische Seele verstand ich bei Puschkin, Dostojewski, Tschechow und Tolstoi, fraß mich durch die Wälzer, verlor mich in den ausufernden Gesprächen, der Schwermut, in den Weiten des riesigen Landes.

Hingezogen fühlte ich mich ebenso zu den französischen Romanciers wie Balzac, Zola, Stendhal. Da waren die Leidenschaft, die intelligenten Dialoge, das frivol-erotische Milieu das Fesselnste. Verschlungen habe nicht nur ich „Der Graf von Monte Christo" von Dumas und „Die Elenden" von Victor Hugo.
Vielfach waren Bücher prägend und auslö-

send für Handlungen, soziales Verhalten und Identifikationen. Ich lebte und litt mit den Bücherhelden, wünschte, die Bücher über sie mögen nie enden.
Voller Begeisterung tauschte man sich in der Zeit ohne Fernsehen über Literatur aus. Für bestimmte Lebensphasen gilt noch heute die Erinnerung an Bücher, die ich damals las. Das wird wohl mein ganzes Leben lang so bleiben.

Die neue Landeshauptstadt Schwerin

Das Stadtadreßbuch, vom August 1949 gibt Auskunft über die Veränderungen in der Stadt: (Auszüge)

Vorliegender Band weist eine neue Bevölkerungsschicht Schwerins gegenüber der ehemaligen Residenz- und Gauhauptstadt aus, die von dem Wunsche beseelt ist, den Wiederaufbau voranzutreiben und den Zweijahrplan zu erfüllen.

Mit dem Zusammenbruch 1945 vollzog sich für Schwerin ein entscheidendes Ereignis. Aus dem Strudel der Ereignisse stieg eine völlig neue Stadt empor, insofern sie fast zur Hälfte eine neue Einwohnerschaft bekommen hat.

Wie vor fast 900 Jahren, bei ihrer Gründung, steht die Stadt heute wieder vor einem Neubeginn, dessen Weg sie tatkräftig und hoffnungsvoll unter Leitung des Oberbürgermeisters Christoph Seitz beschritten hat.

Schwerin regiert zum ersten Male in seiner Geschichte selbst. Die Einwohner bestimmen die Geschicke der Stadt. Die tonangebende Stellung des „Residenzlers" ist weggefegt und geblieben sind die fortschrittlichen Arbeiter, die sich mit der fortschrittlichen Intelligenz zusammengefunden haben und in

Verwaltung und Industrie in leitenden Stellungen tätig sind.

Als Sitz der Landesregierung umfassen die Mauern Schwerins nach wie vor sämtliche Verwaltungsdienststellen und öffentliche Institutionen.

Neu gebildet wurden u.a. der Kulturbund zur demokratischen Erneuerung Deutschlands, die Gesellschaft für deutsch-sowjetische Freundschaft, sowie die Volkshochschule.

Als Sinnbild der neuen Zeit wird der Landessender bezeichnet.

1945 lebten 98.000 Bürger in der Stadt. 1948 waren es 88.164 Menschen. Das heißt, fast 50% sind Neubürger. Jeder zweite bis dritte Einwohner stammt aus Pommern, Ost-und Westpreußen, Schlesien oder dem Sudetenland. Mitte 1947 waren mehr als 30.000 Männer, Frauen und Kinder aus diesen Gebieten in Schwerin ansässig geworden. Die demokratische Erneuerung unseres Lebens zeigt sich auch in der Berufsgliederung. Ehemals war Schwerin die Residenz-, die Beamtenstadt, die Einwohner abhängig vom Großherzog oder der Regierung. Jetzt ist die Stadt auf dem besten Wege, ihre Struktur zu verändern.

...hwerin 1951: der Leninplatz, vormals Adolf-Hitler-Platz, heute Marienplatz

LANDESHAUPTSTADT SCHWERIN

STADTADRESSBUCH 1949

VERLAG ROSTO...

Zum Geleit

Zum ersten Male nach dem Zusammenbruch erscheint wieder ein Adreßbuch von Schwerin; damit wird eine mehr als hundert Jahre alte Tradition fortgesetzt. Im Jahre 1842 erschien im Verlag „Bärensprung" in Schwerin das erste Adreßbuch unter der Bezeichnung „Schweriner Wohnungsanzeiger". Diesen Namen behielt es bis 1913. Seit 1914 hieß es dann „Adreßbuch von Schwerin".

In diesen Adreßbüchern spiegelt sich Schwerin in seiner bevölkerungsgeschichtlichen Entwicklung wider. Wir finden dort verzeichnet:

die Einwohner der Residenz von 1842 bis 1918
die Einwohner der Landeshauptstadt von 1919 bis 1933
die Einwohner der „Gauhauptstadt" von 1933 bis 1945
— unseligen Andenkens —

Die letzte Ausgabe des Schweriner Adreßbuches erschien im Jahre 1941. Seitdem sind neun Jahre vergangen, die den verbrecherischen Hitlerkrieg, dadurch den Zusammenbruch unseres Vaterlandes, und den Beginn des Wiederaufbaues sich bergen.

Vorliegender Band weist eine neue Bevölkerungsschicht Schwerins gegenüber ehemaliger Residenz und Gauhauptstadt auf, die von dem Wunsche beseelt den Wiederaufbau voranzutreiben und den Zweijahresplan zu erfüllen.

Wenn das Adreßbuch gerade jetzt während der Erfüllung des Zweijahres herauskommt, so ist dieses ebenfalls ein Zeichen dafür, daß wir unseren zum Wiederaufbau bekunden.

Schwerin, im August 1949

Oberbürgerm...

Das Stadtadreßbuch der Landeshauptstadt Schwerin von 1949 gibt Auskunft

TANZKABARETT
Barberina
die führende Unterhaltungs-Gaststätte
TELEFON 372
...CKER STRASSE 45

Kulturelle Einrichtungen DER LANDESHAUPTSTADT SCHWERIN

...ro
...-Einkaufsgenossenschaft
.b. H.
Telefon 2636

BRUNNEN-DROGERIE
Inh. Frau E. Redelberger
Brunnenstraße 1 / Tel. 4149

...ichter, Ingeb., v. Thünen-Str. 5
Bären-Drogerie

LUISEN-DROGERIE
HANS SAMMANN ERBEN
Wittenburger Str. 66 / Tel. 3957

Drogenhaus H. Schille
(3a) Schwerin/Meckl., Lübecker
Straße 16, Ecke Wittenburger
Straße / Tel. 4641

Schweriner Handw...
WALTER DITT...
I. Glaisinstra...

HOCHSCHULE SCHWERIN

...Volkshochschule ist die Erneuerung der deutschen Kultur
im demokratischen Geiste durch

...Vermehrung des Wissens
...Vertiefung der Bildung
...Förderung beruflicher Kenntnisse
...Schaffung wissenschaftlicher Grundlagen
...ur praktischen Arbeit am Zweijahrplan

...en:

...ychologie, Pädagogik, Medizin, Erd- und Himmelskunde,
...ilosophie, Geschichte, Soziologie, Verfassungskunde, Recht,
...rtschaft, Sozialversicherung, Mathematik, Physik, Chemie,
...logie, Mineralogie, Literatur, Vortragskunst, Bildende Kunst,
...nsthandwerk, Buchkunde, Schriftkunde, Zeichnen,
...nastik, Deutsch, Russisch, Englisch, Latein, Französisch

Drogenhaus
KARL SCHLUTER
Werderstr. 6 / Tel. 3683

...humacher, Herm., (Schloßstr. 39,
Tel. 4302
...ckert, Wilhelm, Apotheke Am
Markt. Pächter: Günther Heyn,
Schwerin in Mecklenburg, Tel.
Nr. 4024
...ddiken, Theod., Inh. G. Weg-
...er, Rostocker Str. 97, Tel. 4757
...embich, Maria, Klagenfurter
Str. 2, Tel. 2743, Stern-D...

...etriebslehrgänge - Jugendvolkshochschule

...NZIGE VORBEDINGUNG:
...r Wille zum Lernen!

...unft und Anmeldun...
...hochschule, Rostocker Str. ...
...efon: Schwerin 3310
...erschule am Pfaffenteich, ...

OLZ, HORN, EL...
...ODELLBAU- UND SCH...

...eschereien
...H., Lankow, Gade-
Str. 154

Poler...
Str...

LORE...
LÖ...
Wisr...

Die aufbauende Wirtschaft DER LANDESHAUPTSTADT SCHWERIN

FÜR JEDERMANN

Landes-Zeitung
ORGAN DER SOZIALISTISCHEN EINHEITSPARTEI DEUTSCHLANDS FÜR MECKLENBURG

IN MECKLENBUR...

JOSEF TSCHULIK
HUTWERKSTATT
FÜR HERREN-, DAMEN-
UND KINDERHÜTE
Brunnenstraße 7

Hygienische

...el. A. Tauben...
... 3120

...ypotheker

Grundstücks-
verk...

Imkerei

Peter,
...rsche...

Imm...

...ndsti...

Bücherstube
GERDA SCHALLER Schwerin, Fritz-Reuter-Str. 30
Leihbücherei Zeitschriften

...515

...zeug...

...r. Friedrichstr. 8,
Severinstr. 6, Tel.

...eur- und
...ssungsbüros

...Schmiedestr. 7,
...messungs-Ing.
...s. Steinstr. 22,
...nieurbüro
...rgseestr. 2,
...aufsbüro, Land-
...rgstr. 2, Elek-
...nlagen, Ing.
...Paul, Land-
...Büro
...Obotritenring
...str. 30, Ver-
...lturbau-In-
...Breitsch...
...ng.

Werktätige Verbraucher in Stadt und L...

Schenkt Euer Vertrauen

KONSUM
GENOSSENSCHAFT

Klar auf der Hand liegen Eure Vorte...

1. Selbsthilfe
2. Mitbestimmungsrecht in Euerm eigenen Ges...
3. Rückvergütung an die Mitglieder
4. Richtige Verteilung

Verkürzung des Warenweges ermöglicht P...
herabsetzung im KONSUM!

Werdet auch Ihr Mitglied im Konsu...

Unsere Leistungen im Jahre 1948:
Jahresumsatz . . . . 13 000 000 DM
Rückvergütung an die Mitglieder 55 000 DM

KONSUM
GENOSSENSCHAFT
für Schwerin und Umgegend e. G. m. b. H.
Zentrale und Zentrallager Walter-Rathenau-Str. - Tel. 3653, 46...

Verkaufsstellen in allen Stadtteile...

...und nach dem Theater
in die
Theaterklause
Friedrich Fick...
Kleiner Moor 10 - Telefon 840...

HO Handelsorganisati...
KAUFHAUS Bismarckstraße 10/12 - Telefon
Bismarckstraße 19/23 - Telefon

Freier Verkauf von: Textilien, Schuh- und Leder...
Galanteriewaren, Radio, Photo, Musikalien, Optik,
Haushaltswaren, Glas, Kristall, Porzellan, Keramik,
Back- und Konditorwaren, Spirituosen
mitteln, sonstigen Bedarfsartikeln

...ristall, ...usikalien, Ker...
und Konditorwaren,
sonstigen Bedarfsartikeln Spiri...

„Zum Oberförster"

Inhaber: Erich Peters

Mittags- und Abendtisch
Fremdenzimmer
Garage u. Ausspannung im Hause

Apothekerstraße 5 - Telefon: 3119

„Astor"

Schwerin, Baderstr. 5 /

Tanz- und Barbet
sowie Säle für geschlo
Veranstaltungen

*

Das Haus der promi
großen Kapelle

*

Täglich mit Ausnah
montags Tan

*

Sonntag nach
der belie

KARL HARDER

Schloßgarten=
Pavillon

SCHWERIN (MECKL) - TELE

GASTSTÄTTE Zum Freischütz

INH. ERICH DREWS

Angenehmer Aufenthalt | Gepfl
und kalte Getr

...erin, Ziegenmarkt 11

Ungezieferbekämpfung heißt Krankheiten verhüten! Beauftragen Sie das Fachgeschäft f. Desinfektion, Schädlingsbekämpfung und Pflanzenschutz
Hans Dettmer, Güstrower Str. 62, Tel. 4926

W. A. Zettler

KUNSTDRECHSLERMEISTER

Gegründet 1859

Apothekerstraße 30, Telefon 280

Kunsthandwerkliche Arbeiten

HOLZ, HORN, ELFENBEIN u
MODELLBAU- UND SCHIFFSBAUART

Muehser Bu

PENSION - RESTAUR

Inh. E. Prager - Telefo

Die bekannte und beliebte G

Tanz und Unterhaltung

Polemann, H., Nachf., Inh. Gerh.
Streckenbach, Münzstr. 24

Dreyer,
straße 6
Evert, Hans, Dwang

FRITZ GÖRCKE
HANDWAGENFUHREN
ALLER ART
Apothekerstr. 37

...schweriner Handwagen-Expreß
WALTER DITTMANN
I. Glaisinstraße 7

...ogenhaus H. Schille
Schwerin/Meckl., Lübecker
...ße 16, Ecke Wittenburger
Straße / Tel. 4641

HANS KAHL & SOHN
Kartoffelgroßhandlung
Burgstraße 24 / Tel. 2787

Bei Ihrem Einkauf in meinem
Hause werde ich auch Sie
zufriedenstellen!
RUDOLF HONIG
K A U F H A U S
Schmiedestraße 17 / Tel. 2951

Erich Weist
Konditorei u. Kaffee
Buschstr. 7 / Tel. 36 08

WEINREBE'S
Konditorei und Kaffee
Inh. Rudolf Schecker
Das Haus der guten Erzeugnisse
Wismarsche Straße 110

Arthur Krebs
Konditormeister
Schwerin, Puschkinstr. 20

DERUNAPHT
Deutsch-Russische Naphta A.-G.
Zweigniederlassung Schwerin
Weinbergstr. 16, Tel. 3543/4697
Tanklager:
...3491 / Möwenburgstraße 20

DEUTSCHE WERBE- UND ANZEIGEN-
GESELLSCHAFT m. b. H. DEWAG
LANDESDIREKTION MECK...
...uschkinstr. 53 / Tel. ...

— 44 —
E. Baarss'sche Erben (1430 K)
HEINRICH BAARSS
Inh. Erich u. Richard Baarss
Schlosserei und mechanische
Werkstatt für Fahrräder und
Nähmaschinen
Fritz-Reuter-Straße 44

Baarss, Erich, Mechaniker
Baarss, geb. Mattern, Martha,
  Buchhalterin
...her, Helmut, Expedient
...ske, Paul, Straßenbahnschaffn.
...eyer, Fritz, Schlosser
Ottersdorf, Otto
Paganini, geb. Baarss, Emma,
  Hausplätterei

OTTO PAGANINI
Damen- u. Herrenschneiderei
Fritz-Reuter-Straße 44

Rowohl, Carl, Arbeiter

E. Malchow, Alf...
(1847 A)
— 45 —

Einwohner der Fritz-Reuter-Straße im Jahr 1951

Neubeginn in Rostock

1950 stand es endgültig fest. Der Betrieb, in dem meine Mutter arbeitete, wurde nach Rostock verlagert. Eigentlich logisch, daß die „Verwaltung Volkseigener Werften" dort ansässig sein sollte, wo die großen Schiffbaubetriebe „Neptun- und Warnow- Werft" angesiedelt waren.

Es war noch gar nicht lange her, da der große 15-jährige Bruder, Klaus, sich auch in Richtung See aufgemacht hatte. Er wollte, sollte eine Schiffbauerlehre auf der Volkswerft in Stralsund antreten. Es war ein Glück in damaliger Zeit, überhaupt eine Lehrstelle zu bekommen und Mutters Arbeitsstelle hatte mitgewirkt, daß Klaus den Weg ins Berufsleben dort antreten konnte. Sicher kein leichter Entschluß, den Jungen so weit weg von zu Hause lernen zu lassen, zumal seine Lehrer den klugen Jungen viel lieber zur Oberschule geschickt hätten.
Unsere angespannte materielle Lebenslage verlangte aber, daß er so schnell wie möglich Geld verdiente, selbständig war. Der Große hatte ursprünglich ganz andere Pläne, wollte Förster werden, ging nun jedoch ohne zu

murren, schon der Mutter zuliebe, nach Stralsund, ließ das Gewohnte hinter sich.
Jetzt stand das Gleiche vor uns, dem Rest der Familie. Bis dahin hatte ich nie in Erwägung gezogen, woanders als in Schwerin zu leben. Dort war ich fest verwurzelt. Ich wollte nicht nach Rostock. War der Wegzug wirklich unumgänglich?

Mutter machte sich den Entschluß nicht leicht, entschied nach allem Abwägen der Gegebenheiten aber doch, diesen rigorosen Strich unter die Vergangenheit zu ziehen.
Der geliebte Mann war immer noch vermißt. Die Hoffnung auf seine Wiederkehr schwand mehr und mehr. Die Verdienerin und Familienverantwortliche war sie allein. In der „VVW" hatte sie sich in Kürze eine geachtete Stellung erarbeitet und man versprach ihr weiterhin gute Entwicklungschancen. Sie fühlte sich jung und stark genug, in einer neuen Umgebung noch einmal von vorne anzufangen und wollte bewußt auch einengende Familienfesseln abwerfen.

Also wurde eine Wohnung in Rostock gesucht, nicht ganz einfach in den fünfziger Jahren, zumal wir keine geeignete Tauschwohnung bieten konnten. Endlich fanden wir in der Sankt-Georg-Straße in einer Eckvilla in der dritten Etage, über uns war nur noch der Boden, eine skurile geräumige Wohnung.

Nach Abschluß der sechsten Klasse war es dann soweit. Tränenreicher Abschied von allen Freundinnen, Versprechungen, sich nie zu vergessen, sich zu schreiben und immer zu besuchen. Alle Onkel und Tanten wurden noch einmal aufgesucht. Die Nebenoma entschied sich in letzter Minute, mit uns nach Rostock zu ziehen. Ein kleiner Trost.
Endlich war aller Hausrat eingepackt, der Möbelwagen bestellt und wir stiegen in den Zug nach Rostock. Ich war unendlich traurig und hatte Angst vor dem Fremden. Selbst der kleine zehnjährige Bruder saß während der ganzen Fahrt ruhig auf seinem Platz und sah zum Fenster hinaus. Mutter versuchte zu trösten und Mut zu machen. Sie gab es bald auf. Unsere Stimmung wurde etwas besser, als wir mitbekamen, daß wir in einem Hotel nächtigen würden. Das hatten wir noch nie getan. Nahe beim Hauptbahnhof in Rostock stiegen wir im „Schwarzen Adler" ab. Ein Erlebnis!

Am nächsten Morgen warteten wir in der leeren Wohnung auf den Möbelwagen. Die Einzugsarbeiten verdrängten unseren Abschiedsschmerz und dann hatten wir ja auch noch große Ferien, in denen wir täglich an die Ostsee nach Warnemünde fahren konnten. Nicht nur das, man übergab Mutter einen Ferienscheck für uns drei. Vierzehn Tage der Schulferien würden wir im Waldschlößchen in Nienhagen verbringen. Welch ein Luxus! Wir aßen dort zum Frühstück so viele Scheiben Brot mit dick Zucker bestreut, wie in uns hineingingen und das war nicht wenig.

Bevor es so weit war, erkundeten wir erst einmal die neue merkwürdige Wohnung. Sie war viel größer, als die gewohnte in Schwerin. Man spürte jedoch eine gewisse Behelfsmäßigkeit. Die Wohnetage war jetzt zum Treppenhaus hin abgeschlossen, wurde aber früher, als die Villa von ihren Besitzern allein bewohnt war, als Einzelunterkünfte für die Bediensteten genutzt. Der jetzige lange Flur, von dem die anderen Räume abgingen, konnte den Eindruck der Vereinzelung nicht ganz wegwischen, zumal der Zutritt zu den Bodenkammern für alle anderen Hausbewohner nur über unsere Schwelle, von dem früher frei liegenden Flur zu erreichen war.

Wir genossen die Großzügigkeit und das Geheimnisvolle der Vier-Zimmer-Wohnung. Die Möbel kamen in den größeren Räumen viel besser zur Geltung. Bücherregale dienten als Raumteiler im geräumigen Wohnzimmer, um es etwas gemütlicher und im Winter wärmer zu haben. Feuerung war knapp und die Kachelöfen strahlten bei großer Kälte nicht in jeden Winkel Wärme ab. Nur vom Wohnzimmer ging keine Kammer ab. Dafür konnte man im Sommer aus dem Fenster auf ein etwas baufälliges Dach, welches notdürftig mit wackeliger Holzumrandung gesichert war, steigen, sich sonnen oder die neue Nachbarschaft von oben beobachten. Kein richtiger Hof. Kein Hausgarten. Wo sollten wir spielen?

Unser ganzes Interesse galt den vielen Kammern, durch die der Wind heulte und die Türen zum Schlagen und Knarren brachte. Praktisch war hinter jedem Raum eine Kammer unterschiedlicher Größe. In der weitläufigen Wohnküche gelangte man von einem kleinen Podest in zwei mannshohe Kammern, die wir zur Bevorratung von Kohlen und Lebensmitteln nutzten. Vom verwinkelten ofenlosen Schlafzimmer konnte man durch eine kleine Tür in einen langen schmalen Raum kriechen, den wir später als Dunkelkammer einrichteten. Auch hinter den beiden kleineren Zimmern befanden sich Hohlräume, in denen wir uns sehr gerne versteckten, um irgendwann die Bewohner zu erschrecken. Der Kleine hatte einmal die Idee, alten Harzer Käse in so einem Verließ zu lagern. Es dauerte lange, bis die ungeliebte Untermieterin dahinter kam, wer ihr den kaum noch auszuhaltenden Gestank beschert hatte. Ein Donnerwetter der Mutter konnte den Streich nicht ungeschehen machen, über den wir viele Jahre lachten.

Eines Tages stockte uns beim Umherklettern in den Kammern der Atem. Wir entdeckten eine Verbindung in das untere Stockwerk und gelangten in einen kleinen Raum, der wie ein noch eben benutztes Versteck wirkte. Ein Stuhl, ein Tisch, auf dem ein Aschenbecher mit Zigarettenresten und eine leere Flasche standen. Eine verstaubte Jacke hing über dem Stuhl. Wer mochte hier gesessen haben? Ein Kriegsverbrecher, ein Nazi oder ein von den Nazis Verfolgter, ein Jude? Die

Gedanken kreisten, aber wir wagten niemanden aus dem Haus zu fragen.

Das Haus wurde treuhänderisch verwaltet. Der Mieter im Hochparterre hielt Verbindung zu den Besitzern, die in der Schweiz lebten. Er war immer freundlich zu allen. Trotzdem scheuten wir davor zurück, ihn zu fragen. Vielleicht wollten wir es uns auch nicht mit ihm verderben. Er betrieb einen Handel mit Knäckebrot. Wenn die Lastwagen mit Ladungen davon ankamen, brauchte Herr B. viele fleißige Helfer, die die Kartons schnell abluden und im Keller verstauten. Weil er gut bezahlte, verdienten der kleine Bruder und ich auf diese Weise so manchen Fünfmarkschein dazu.

Ja und ein Bad hatten wir nun auch. Ein relativ großer quadratischer Raum mit Holzfußboden, einem kaputten Badeofen, Waschbecken und Innentoilette. Wir genossen diese Verbesserung, obwohl es uns wegen Geld- und Materialmangels nie gelang, den Badeofen in Gang zu setzen.

Unsere kleine Nebenoma verbrachte fast den ganzen Tag mit Lesen in ihrem Zimmer. Sie sprach nicht viel, sparte jeden Pfennig von ihren 60-Mark-Rente, um nach Schwerin zu ihrer Lieblingstochter fahren zu können. Sie beanspruchte allerdings energisch täglich einen halben Liter Milch für sich und unterstützte ihre große Tochter, meine Mutter, vor allem mit Nähen und auch mal mit Küchenarbeiten. Es war immer jemand da, ein gutes Gefühl für Mutter, die den ganzen Tag außer Haus war. Die „VVW" wurde eines Tages aufgelöst, so wurden die Arbeitswege für sie noch länger. Sie arbeitete dann im Büro in der „Neptun-Werft" am anderen Ende der Stadt. Das bedeutete im Morgengrauen das Haus verlassen und spät abends erschöpft nach Hause zu kommen.

Die meisten Haushaltspflichten bewältigte ich aus Einsicht in die Notwendigkeit, aber oft lustlos.

Wir wohnten nahe am Bahnhof, gegenüber waren die Apotheke und der Fleischer, auf der anderen Straßenseite kauften wir bei Kaufmann Flägel ein, zum Bäcker ging es ein paar Schritte weiter einige Stufen hinauf und nebenan gaben wir die Schmutzwäsche in der Wäscherei ab, um sie bald schrankfertig wieder in Empfang zu nehmen.

Es war also auch hier, ähnlich wie in der Fritz-Reuter-Straße, alles dicht beieinander, selbst die Arbeitstelle der Mutter lag in der ersten Zeit in unserer Straße.

Wir standen aber wie verloren vor unserem Haus, das nicht unseres war, wie in Schwerin, hatten keine Freunde, gehörten nicht dazu, sehnten uns zurück.

Irgendwann waren die Ferien zu Ende und der eigentliche Ernst des Lebens begann: wir mußten in die neue Schule. Die „Sankt-Georg-Schule" lag nur ein paar hundert Meter weit entfernt von unserem Haus. Der erste Weg dorthin kam mir ellenlang vor. Meine Schritte wurden immer langsamer. Angemeldet waren wir, wußten in welchem Klassenraum unser Unterricht sein würde, kannten den Namen des Klassenlehrers und fühlten uns trotzdem sehr verlassen.

Lange stand ich vor dem Klassenzimmer und traute mich nicht hinein, nahm kurz vor dem Klingelzeichen allen Mut zusammen und meldete mich als Neue bei dem Klassenlehrer. Er las aufmerksam meinen Zensurenbogen durch und schien zufrieden. Ich senkte schüchtern den Kopf, während die neuen Mitschülerinnen mich neugierig anstarrten. Schließlich wies er mir meinen Platz zu. Kurzes Beäugen, Verständnis signalisierend, sparsamer Wortwechsel. In der großen Pause erfuhr ich, daß auch sie, die Banknachbarin, den ersten Schultag hier verbrachte und wegen der Verlegung der Arbeitsstelle ihres Vaters in Rostock gelandet sei. Ihr hatte der Umzug anscheinend nicht so zu schaffen gemacht, weil ihre Familie aus Posen flüchten mußte. Ein häufiger Quartierwechsel gehörte zu dem Nomadenleben, daß sie seit Kriegsende führte. Der Neuanfang in Rostock war für sie eher Abenteuer, als zu beklagender Verlust von heimatlicher Verwurzelung. Dieses auf das Neue wissbegierig zugehen und das von ihr demonstrierte Selbstbewußtsein imponierten mir und machten Mut.

Bei näherem Hinschauen entdeckte ich eine wohlproportionierte Mädchengestalt mit schlanker Taille, hellem Blick und hocherhobenem Kopf.

Es war Freundschaft auf den ersten Blick.

Wir erkundeten die neue fremde Stadt von da an gemeinsam.

Die Bombardierung Rostocks im 2. Weltkrieg 1950 (oben)
Blick aus der Wohnung „St.-Georg-Str." (mitte)
Maidemonstration 1951 in Rostock und Ernteeinsatz (unten)

Im Namen des Volkes - das Schicksal einer Tante

Unter den vielen Verwandten war mir eine Tante besonders lieb. Sie wohnte mit ihrem Mann, einem Schneidermeister, mit der Nebenoma in einer Wohnung. Die beiden hatten keine Kinder, aber ihre Tür stand immer offen für meine beiden Brüder und mich. Oft huschten wir nur mal so zum Eingucken zu ihnen. Für den Kleinen fühlte sich besonders der Onkel verantwortlich. Vielleicht empfand er sich ein wenig als Vaterersatz, kontrollierte Schulaufgaben und beschäftigte ihn in der Freizeit. Wir waren also gut aufgehoben bei ihnen.

Ich mochte meine kleine Tante lieber als den Onkel, der düster und streng wirkte. Sie konnte so herrlich albern mit uns kichern, wie ein großes, nie erwachsen werdendes Kind.

Als Jüngste von 6 Geschwistern genoß sie nicht etwa den verhätschelten Status eines Nesthäkchens, lernte jedoch nie richtig, die Verantwortung für sich selbst zu übernehmen. Neben den Eltern waren da ja vor allem die älteste Schwester, meine Mutter und die ein paar Stunden ältere Zwillingsschwester, die sie an die Hand nahmen. Später wurde sie selbstverständlich in die Gemeinschaft der Freunde ihrer Geschwister integriert. Sie schloß sich ohne Widerrede mit einem freundlichen Lächeln im Gesicht den anderen Jugendlichen an. Sie gehorchte, sie funktionierte bis zur Selbstaufgabe. Tat immer das, was andere bestimmten. Wer sie genau kannte, spürte, wenn sie sich innerlich steif machte und ihre Bewegungen seltsam eckig wurden, daß sie auf Abwehr ging. Das kam selten vor. Unter der Maske der Gutmütigkeit versteckte sie das Aufbegehren schnell wieder. Das waren unbewußte Handlungen, die sie sehr verletzlich und hilflos machten. Das 16-jährige Mädchen, welches von Ostern 1931 bis Michaelis 1932, eine Ausbildung zur Kindergärtnerin an der Fröbelschen Kinderpflegerinnenschule (Willbornschen Anstalten) in Schwerin begann, befaßte sich natürlich nicht mit solchen psychologischen Spitzfindigkeiten. Sie war froh, daß ihre Eltern das vierteljährliche Schulgeld von 60 Reichsmark und die Prüfungsgebühr von jeweils 10 Reichsmark, wie gefordert, im Voraus bezahlen konnten und sie diese renomierte Kinderpflegerinnenschule in der Körnerstraße 1 besuchen durfte. Im Vertrag,

den die Einrichtung mit Herrn Zugführer Christian Martens, dem Vater, abschloss heißt es z.B. unter I: *„...Die unter Aufsicht des Mecklenburgischen Sozialministeriums stehende Fröbelsche Kinderpflegerinnenschule zu Schwerin i. M. ....verpflichtet sich, die Schülerinnen entsprechend den ministeriell genehmigten und geforderten Lehrplänen zu unterrichten und im Rahmen des Schulbetriebes nach jeder Richtung hin das Wohl der Schülerinnen zu fördern...."*
Im Namen des Vorstandes besiegelten Mathilde Ratzeburg und als Leiterin der Schule Frau Schwenk die Vereinbarung.

Die kleine Tante schwärmte auch später noch von dieser schönen Zeit. Die Arbeit und das Zusammensein mit Kindern entsprach ihrem Naturell, sie war gerne mit ihnen zusammen und dachte im Stillen an spätere glückliche Zeiten, wenn sie das Erlernte bei eigenen Kindern anbringen konnte.
Zunächst ging sie als Kindermädchen bei einer bekannten Schweriner Geschäftsfamilie in Stellung und betreute deren beiden Kinder, einen Jungen und ein Mädchen.
Wir profitierten Jahre später von den dort erlangten Bastelkünsten und schnippelten,

klebten, falteten nach Vorlagen aus den Prüfungsmappen unserer Tante. Begeistert schilderte sie dann das Leben mit ihrer Herrschaft, wo sie sich als familienzugehörig empfand. Immerhin lernte sie als Kindermädel bei Ferienreisen die schönsten Gegenden Deutschlands bei der Arbeit kennen.

Alle ihre Schwestern waren verheiratet und hatten schon Nachwuchs, als endlich im Jahre 1940 auch sie als Jüngste nach längerer Verlobungszeit mit ihrem Partner die Ehe schloß.
Sie war bereit, für den Mann, den sie liebte, alles zu tun - bis das der Tod sie scheiden würde. Vor allem wollte sie gesunde Kinder zur Welt bringen. Der Nachweis, daß sie dafür auch in der Lage sei, mußte bei der Eheschließung ärztlich bestätigt vorliegen.
Sie brachte das ärztliche Attest bei.

Es ist hinlänglich bekannt, daß die Frauen im dritten Reich und davor fast ausschließlich auf das Gebären und die Mutterrolle reduziert und bei Erfüllung und Übererfüllung dieser Aufgaben mit Mutterkreuzen belohnt wurden.
Ich hatte beim Heranwachsen in den Nach-

kriegsjahren längst gelernt und erlebte täglich, daß Frauen sich nicht nur über Kinderkriegen und Hausfrau definieren, sondern im Beruf, in der Weiterbildung, in der gesellschaftlichen Arbeit anerkannte Ergebnisse aufzuweisen hatten. Die Gleichberechtigung der Frau hatte man sich doch in der neuen Zeit auf die Fahnen geschrieben. Ich glaubte daran und wollte genauso selbstbewußt wie die vielen Frauen, die ich kannte, mein Leben leben.

Wie paßte das Schicksal meiner Tante in die Zeit der proklamierten Gleichberechtigung? Sie wurde immer verschlossener, zog sich zurück und sprach noch weniger, als früher. Diskussionen über intimes Eheleben oder sexuelle Probleme waren in den fünfziger Jahren immer noch tabu. Wir fanden nichts dabei, daß die Tante keine Kinder hatte. Sie war ja noch jung!
Mir fiel auf, daß fast immer eine blonde fremde Frau mit dem Onkel zusammen war und die Tante mit verstörten Augen daneben stand. Instinktiv begann ich den Onkel zu hassen, weil er offensichtlich nicht gut zu der Tante war.
Alles Vermutungen, die über die Aufre-

gungen des Wegzuges nach Rostock beiseite geschoben wurden. Die Nebenoma nahmen wir mit und die Tante blieb in Schwerin zurück. Ihre Zwillingsschwester war kurz zuvor mit Mann und Tochter über Nacht, ohne Abschied oder Erklärung in den Westen gegangen. Sie biß die Zähne zusammen und stand die ganze Diskriminierung alleine durch.
Sie schämte sich unendlich, denn sie wurde zum Arzt geschickt, als Beklagte von ihrem Ehemann vor Gericht gezerrt und im Namen des Volkes für schuldig befunden, weil sie keine Kinder geboren hatte.

Am 6. September 1950 wurde in Sachen M. gegen M. in einer öffentlichen Sitzung des Amtsgerichtes Schwerin zu folgendem Tatbestand verhandelt: *Tatbestand*
„Die Parteien, Reichsdeutsche, haben lt. Heiratsurkunde am 27.1.1940 vor dem Standesamt in Schwerin die Ehe geschlossen, die kinderlos geblieben ist.
Der Kläger hat vorgetragen, es sei wegen der geschlechtlichen Beziehungen untereinander zu mancher Aussprache gekommen, die Beklagte habe sich im Mai 1950 zum Facharzt begeben und dieser habe festgestellt... daß die Un-

fruchtbarkeit der Beklagten erst durch die jetzt vorgenommene Operation festgestellt worden ist...

Die Ehe war also gem. § 32 des Ehegesetzes aufzuheben...

Der Streitwert der Ehescheidung wird auf 900.- DM festgesetzt..."

Es gab einen neuen Staat, aber die Rechtssprechung beruhte noch auf dem alten, nicht mehr den Erfordernissen entsprechenden, Gegebenheiten.
Automatisch war die Frau schuld. Der Mann brauchte keinen Nachweis seiner Zeugungsfähigkeit zu erbringen.

Das Allerschlimmste, die 35-jährige Frau fühlte sich wirklich schuldig. Jahrelang vom eigenen Mann gedemütigt, Schmerzen erleidend, mit ständigen Beschuldigungen lebend verhielt sie sich wie ein schuldbeladenes Kind, verschwieg ihre Not und duldete weiter.
Die konsequente Haltung meiner Mutter, als sie zufällig durch Bekannte von der Scheidung hörte, wurde auch meine.

Der gemeine Onkel war für mich gestorben. Wir sprachen nie wieder ein Wort mit ihm, so sehr er sich auch bemühte. Er heiratete die blonde neue Frau. Auch diese Ehe blieb kinderlos! An wem lag das jetzt?

Unsere ganze Solidarität galt der Tante.

Meine Mutter schrieb der Schwester:

„.....Meine Liebe!

Nichts hätte uns ja tiefer erschüttern können, als die Nachricht von Deiner Scheidung, nie hätte ich daran gedacht. Wenn Du nun schreibst, daß wir uns von Dir abgewandt haben, so bist Du in einem sehr großen Irrtum, denn gerade Du warst die von meinen Schwestern, die ich am liebsten habe und die ich am meisten schätze. Daß wir von E. zurückgetreten sind, hängt wohl damit zusammen, daß er mit seinen Ansichten nicht zu uns passte. Ich werde keinen Stein auf ihn werfen, aber etwas muß ich Dir sagen, daß ich nicht verstehe, daß er Dich nach einer 10- jährigen Ehe frei gibt, denn Du bist doch eine Frau von Wert und nicht ein Flittchen. So leid es mir tut, muß ich Dir sagen, daß dann die Leute recht hatten, als mir bei meinem letzten Dortsein erzählt wurde, er hätte eine Freundin und die wäre immer bei Euch. Ich gebe sehr wenig auf Leutegerede, aber als ich neulich dort war, habe ich die blonde Frau gesehen und mir mein Teil gedacht.

Ich muß Dir sagen, daß ich als Frau es gemein und sehr verletzend fühle, wenn mein Mann die andere Frau in mein Haus bringt und das verzeihe ich E. nicht. Das hast Du nicht verdient. Nimm Dein Herz ganz fest in Deine Hände und trenne Dich vollkommen von ihm, wenn es auch sehr weh tut. Aber ein noch längeres Zusammensein ist ein langsames Eingehen. Ich mache Dir einen Vorschlag, komme her nach Rostock, wir haben eine große Wohnung und Du hast auch hier Platz und Arbeit wirst Du auch hier finden. Wir müßten es allerdings gut besprechen. Vor allen Dingen kommst Du in eine ganz andere Umgebung. Hättest Du mir doch alles eher gesagt!

Eines rechne ich E. trotz allem als Gemeinheit an, daß er die Wohnung noch verlangte. Weißt Du, daß Du darum immer auf seine Gnade und die der anderen Frau angewiesen sein wirst? Im umgekehrten Falle, es wäre Deine

Wohnung gewesen und Du hättest ihn raussetzen können, denn die Wohnung gehörte schließlich Deiner Mutter. Und jetzt? Genauso ist es mit den Sachen von Oma!
Den ganzen Kram läßt Du hoffentlich von der Teilung aus, denn das sind alleine Deine Sachen, nur die Ihr zusammen angeschafft habt, dürfen geteilt werden. Sei jetzt nicht zu gut, denke daran, Du hast für Dich alleine zu sorgen.

Sieh mal, ich bin nun schon fast 6 Jahre allein und meine beste Hilfe ist die Arbeit und ich muß für 4 sorgen. Es ist ja auch eigenartig, daß wir nicht so oft zusammen gekommen sind, aber war es unser Fehler? Wenn sogar die Kinder merken, wie komisch er war, dann ist es doch nicht unsere Schuld gewesen. Und mit Oma? Oma ist gewiß auch manchmal nicht so, wie wir es meinen, aber so mit ihr zu toben, wie E. es gemacht hat, ist wohl nicht am Platze gewesen.

Oma ist natürlich sehr empört über diese Art von Trennung, sie will von E. nichts mehr wissen. Ich kann es ihr nicht verdenken, denn sie ist auch ein Mensch mit einem Recht auf eigene Meinung und zu E. paßt so leicht keiner,

der ihm alles so recht macht oder jemand, der alles tut, was er will, denn für ihn ist nur seine Meinung maßgebend. Man fühlt sich bei ihm nicht frei. Wenn dies nur von uns käme, wäre es was anderes, aber es sagen auch noch andere, nicht aus der Familie, dasselbe.
Also, meine Liebe, Du hast Schweres hinter Dir, führe es tapfer zu Ende und mache einen ganzen Trennungsschritt.
Zu mir kannst Du immer kommen, ohne Vorbehalt und Hemmung.

Aber zwischen Euch wollten wir uns nicht stellen. Am besten wäre es, wenn Du mal rüber kommen würdest, um alles besser besprechen zu können. Ich kann Dir bestimmt helfen und würde und werde es immer tun. Hast Du Geld oder keines? Ich habe Dir das Telegramm geschickt und gedacht, Du würdest kommen. Schreibe bald und teile mir mit, wann Du kommst, sonst komme ich zu Dir.

Bis auf weiteres grüßen Dich alle recht, recht herzlich Deine Dich liebende Schwester.
Oma wünscht, daß Du kommst und die Kinder freuen sich auf Deinen Besuch und auf Dein ganzes Hiersein. Sie grüßen ebenfalls von Herzen.

Da war sie wieder, die starke Hand der Schwester, die ihr aus dem Dilemma heraushalf.

Verwunden hat die kleine Tante die ihr zugefügte Schmach nie, aber auch ihr half die Berufstätigkeit, besser damit fertig zu werden. Für uns und unsere Kinder blieb sie zeitlebens eine großzügige verständnisvolle Tante, mit der man Pferde stehlen konnte.

Diskriminierung der Frau im Namen des Volkes

Entdeckungen

Es kam mir so vor, als ob in Rostock ein anderer Wind wehte. Klimatisch stimmte es sogar, denn die nahe Ostsee schickte aus Warnemünde häufig eine frische Brise herüber.
Nicht nur das Wetter, sondern das Leben im allgemeinen schien hier lebhafter zu pulsieren, als in dem eher kuscheligen Schwerin. Rostock war nicht schöner im städtebaulichen Sinne. Die Bombardierungen im Krieg hatten der Altstadt tiefe Wunden geschlagen. Das Hafenviertel wurde fast ganz zerstört. Der Wiederaufbau ging nur langsam voran. Viele Läden und Betriebe waren behelfsmäßig untergebracht. Aber die
ehemalige Hansestadt hatte eine ehrwürdige Universität mit vielen lebensfrohen Studenten, den Hafen mit versteckter Exotik, der die Verbindung zu anderen Ländern ahnen ließ.
Die Werften in Warnemünde und Rostock beschäftigten tausende Arbeiter und Angestellte. Mir gefiel die offene, freie Art des Umgangs, der frische Wind in Rostock. Ich trat aus einem doch sehr begrenzten Lebensumfeld heraus in eine neue interessante Welt,

in der es so viel zu entdecken gab. Die Sehnsucht nach Schwerin wurde mehr und mehr von neuen Erfahrungen in den Hintergrund gedrängt.

Ohne meine neue Freundin hätte ich sicher nicht so schnell Fuß gefaßt. Gemeinsam begaben wir uns auf Entdeckungsreise in das Erwachsenwerden.

Ich lernte in ihrer Familie Lebensformen kennen, die langlebig von großbürgerlichen Traditionen geprägt waren. Die Selbstverständlichkeit, mit der sie auch in dieser armen Zeit weiter gelebt wurden, imponierte mir sehr.

Es ging hauptsächlich um Grundhaltungen, weniger um Äußerlichkeiten. Sie hatten ja fast alles auf der Flucht verloren.

Allerdings bewohnten sie eine herrschaftliche Wohnung im Parterre einer Stadtvilla in der Graf-Schack-Straße, nicht weit von uns entfernt. Im Erker des Wohnzimmers wurde der Tee eingenommen, am Kaminfeuer hockten wir so manchen Winterabend, in Gespräche vertieft. Die eingebauten Wandregale enthielten genügend Lesestoff, den wir verschlangen, über den wir uns austauschten. Manchmal tauchten wir so tief in die Welt der Romanhelden ein, daß kein Außenstehender unsere Gespräche deuten konnte. Selbst eine eigene Sprache aus sogenannten Urlauten dachten wir uns aus. Bald gehörte ich wie selbstverständlich zur Familie und fühlte mich dort oft besser verstanden, als zu Hause. Warum?

Meine Mutter engagierte sich zunehmend politisch, für den neuen Staat und erfüllte alle Forderungen in meinen Augen zu unkritisch. Neben der anstrengenden beruflichen Tätigkeit leistete sie unzählige Aufbaustunden, kassierte Beiträge, betreute Veteranen, bildete sich politisch und beruflich weiter und schonte sich nicht in der Sorge für ihre Familie. Gegen diese Vorbildlichkeit konnte man nichts sagen, aber sie verlangte von ihren Kindern ähnliche Haltungen und Überzeugungen.
Ich achtete meine Mutter wegen ihrer Wahrhaftigkeit, wollte aber eigene Entscheidungen treffen, begehrte auf, brachte meine anderen Erfahrungen und Fragen ins Spiel. Meistens wurden sie wirsch abgetan, als Einfluß der Klassenfeinde im Westen. Das war mir zu einfach. Ich wollte wissen, warum ich nicht offiziell um meinen Vater trauern durfte, warum nur die gefallenen Sowjetsoldaten

geehrt wurden, warum so kurz nach dem schrecklichen Krieg schon wieder Männer Uniformen anzogen.

Als mein großer Bruder als Angehöriger der „Kasernierten Volkspolizei" erschien, weinte ich fassungslos.

Ihre Argumente überzeugten mich selten und doch fühlte ich mich verpflichtet, sie nicht einfach über Bord zu werfen, sondern sie im Leben zu überprüfen.

Aber ein Schwarz-Weiß-Denken blieb mir zeitlebens zuwider.

Ich mag noch heute lieber Menschen, die etwas in Frage stellen, als Nachplapperer.

Die noch verbleibenden zwei Jahre Grundschulzeit in Rostock vergingen wie im Fluge. Ich hatte keine besonderen Probleme mit den Klassenkameradinnen und Lehrern. Allerdings sind meine Erinnerungen lückenhaft. Einige alteingesessenen Schülerinnen spielten Hockey. Eine Mitschülerin, Astrid, war so schön, daß sie Mitschüler und Lehrer mit einem Augenaufschlag ihrer veilchenblauen Augen bezaubern konnte. Besonders die Russischlehrerin Frau A. mit den weichen braunen Augen konnte dieser Schülerin nichts abschlagen.

Diese Schöne lud mich überraschend zu einer Faschings-Geburtstagsfeier ein, als Ersatz, wohlgemerkt. Sie hatte sich nicht einmal die Mühe gemacht, den eigentlichen Namen durchzustreichen, meinen einfach danebengeschrieben. Trotzdem fühlte ich mich geehrt, von Astrid eingeladen zu sein. Was ziehe ich an? Mutter nähte ein Fantasiekostüm „Gärtnerin aus Liebe" hieß es in der Modezeitschrift „Pramo". Endlich fand ich die Wohnung. Man hatte schon angefangen. Ich schaute mich in der Wohnung um. Die Eltern betrieben eine Kohlehandlung. In der damaligen Zeit eine Goldgrube. Davon zeugten auch das kobaltblaue Geschirr, die Möbel aus edlem Holz und die reich gedeckte Tafel. Ich war und blieb der Ersatzgast, wurde kaum beachtet, natürlich auch nicht bei der Preisverteilung für das schönste Kostüm. Selbstverständlich erhielt eine enge Freundin des Hauses den Siegerring. Ich ging desillusioniert nach Hause und beachtete das „Veilchenauge" nicht mehr.

Mit der Klassenlehrerin und Schulleiterin Frau P. bringe ich den ersten Genuß von Alkohol in Verbindung. Meine Freundin und ich überfielen sie eines Sonntagsmorgen

bei einem Krankenbesuch. Völlig überrascht öffnete sie uns die Tür. Sie steckte in einem zipfeligen Morgenrock, hustete stark und wußte mit uns offensichtlich nichts anzufangen. „Wollt ihr einen Likör?" fragte sie. Natürlich wollten wir, auch einen zweiten schlugen wir Schülerinnen der achten Klasse nicht aus. Zu einem dritten kam es zum Glück nicht.
Jetzt mochten wir Frau P. noch viel lieber. Endlich wurden wir einmal ernst genommen und wie Erwachsene behandelt. Leicht beschwingt ging es mit der Straßenbahn nach Hause. „Stell dir mal vor, wir hätten die Mathelehrerin besucht, das alte Fräulein hätte uns sicher mit irgendwelchen Ermahnungen an der Tür abgespeist" meinte die Freundin. „Die ist ja so verklemmt und streng. Weißt du noch, wie sie neulich Melanie ermahnte, sie solle sich ordentlich hinsetzen, man könne ihr ja bis ins Herz sehen?" „Dabei war ihr nur der Rock etwas über die Knie gerutscht", antwortete ich.
Neben der Schule probierten meine Freundin und ich so manches aus, wirkten zum Beispiel in einer Volkstanzgruppe mit. Vor allem wurden russische Tänze, wie „Krakowiak", einstudiert. Angetan mit grell-bunten

Kostümen aus glänzender Futterseide wirbelten wir bei Festveranstaltungen über die Bühne. Blaugefroren kam ich nach einer Maidemonstration nach Hause, riß mir den Kopfputz mit bunten Bändern vom Kopf und beschloß, nicht mehr zum Volkstanz zu gehen. Die unsympathische Leiterin wollte mir das Ausscheiden nicht gestatten, kam sogar zu uns nach Hause, um meine Mutter aufzufordern, mich wieder zum Tanzen zu schicken. Ihre penetrante Art machte keinen Eindruck auf uns beide. Mutter, früher selbst begeisterte Volkstänzerin, war entsetzt von der dominanten Art der Leiterin und verstand, daß ich dort keine Freude finden konnte.

„Das Einstudieren von Tänzen ist harte Arbeit, das weiß ich noch. Aber Spaß an der Bewegung nach Musik gehört unbedingt dazu, das scheint bei ihnen nicht der Fall zu sein", verabschiedete sie die Leiterin. „Du brauchst dort nicht mehr hinzugehen", rief sie mir zu.

Im Pionierchor gefiel es uns schon besser. Ein junger Mann übte solche Lieder wie „Hejo, spann den Wagen an" - „Bau auf, bau auf" - mit uns ein. Die Krönung unserer Sangeskünste, wir wurden 1951 zu den

Weltfestspielen nach Berlin geschickt. Vier Wochen hausten wir in Zelten in der Wuhlheide und genossen das Lagerleben in der „Pionierrepublik Ernst Thälmann".
Ich schlief im Zehner-Zelt Nummer 81 auf dem ersten Strohsack am Eingang.
Wir zogen in ein großes Stadion. Otto Grotewohl und Wilhelm Pieck sprachen zu uns, wir klatschten mit den anderen Jugendlichen begeistert Beifall. In den Straßen Berlins skandierten wir in Sprechchören: „Nieder mit Schuhmacher und Adenauer!" Meine Freundin kannte Berlin aus früheren Besuchen bei Verwandten. S-und U-Bahnfahrten waren ihr geläufig. Ich hatte viel Angst, den Anschluß zu verpassen und mich in der großen Stadt zu verirren. Schöne junge Menschen aus der ganzen Welt sangen und tanzten in den Straßen. Begeisternde Ensembles traten auf. Alle demonstrierten für den Frieden und das Glück der Menschen auf der ganzen Welt. Ja, das wollte ich auch. Nie wieder Krieg! Meine Mutter schien im Recht zu sein, wenn sie für diese gute Sache eintrat!
Mir blieb in der Wuhlheide mehr Zeit zum Nachdenken, als mir lieb war. Meine Freundin beachtete mich kaum, war mit anderen

zusammen, ließ mich links liegen. Warum? Wollte sie ihre Macht über mich erproben? Ich zog mich gekränkt zurück, machte auf Märthyrer, anstatt mich zu vergnügen, so sehr war ich auf sie fixiert.

„Im August, im August blüh'n die Rosen" und „Kim aus Korea" sangen wir aus voller Kehle. Es gab ausreichend zu essen. Ich sparte Dauerwurst und Kekse aus den Verpflegungsbeuteln für zu Hause, schrieb fleißig an Mutter, die ein Betriebsferienlager in Nienhagen leitete und den Kleinen, den sie mitnehmen konnte.

Am 13. und 15. August 1951 erhielt ich folgende Zeilen von ihr aus Nienhagen:

„Meine liebe Hanni!

Deine Karte habe ich ebenfalls erhalten und mich sehr darüber gefreut. Du hast es ja gut dort. Ich bin hier aber auch in den Fettopf gefallen. Oma soll Dir noch 10,- DM schicken damit Du noch etwas praktisches, eine Mütze oder so, kaufen kannst. Verklecker aber nicht so viel. Ein Kind hat sich hier den Arm gebrochen, liegt im Doberaner Krankenhaus. Das passiert immer, wenn man nicht hört! Hoffentlich passt

Du gut auf. Am Freitag machen wir ein Friedensfeuer zum Abschied....
Heute ist Sonnabend, der letzte Tag, wir fahren wieder nach Hause. Ich habe Klaus geschrieben, daß wir seinen Geburtstag später feiern, da ich den Kuchen selber backen möchte. Das Wetter ist besser geworden, wir baden täglich. Hast Du das Geld bekommen? Habe hier noch Zucker etc, in der HO gekauft....

Wir grüßen Dich herzlich und einen lieben Kuß von Deiner Mutti und Uwe."

Wieder zu Hause, packte ich stolz die Mitbringsel aus, sogar Studentenfutter war dabei. In der Hauptstadt der DDR, Berlin, war das Warenangebot viel besser als in Rostock.

Trotzdem bereiteten die Freundin und ich uns so manche Schlemmerstunde daheim in der Konditorei, wenn wir genügend Zuckermarken gespart hatten, um uns einen Rieseneisbecher leisten zu können. In der hintersten Ecke tuschelten wir über Jungen im Besonderen und Allgemeinen, fanden die meisten blöd, beschrieben unsere Favoriten, indem wir die Jungen, aus der „St.-Georg-Knaben-Schule", in den Pausen begutachteten. In

diesen Fragen ging unser Geschmack weit auseinander. Gerne hätten wir mit den Auserkorenen näheren Kontakt gehabt. Sollten wir sie einfach einmal einladen? Lieber nicht. Abgestoßen - angezogen! Auf jeden Fall fanden wir die männlichen Gleichaltrigen interessanter, als die meisten weiblichen Geschlechtsgenossinnen. Deshalb gaben wir uns betont maskulin und burschikos, unterdrückten die Weiblichkeit. Oberhemden der Brüder, schlapprige Trainingshosen, Herrenschnitt gehörten zum Entsetzen der Umwelt zu unserem Outfit. Unvergessen bleibt mir folgende Szene:
Die Arbeitsstelle meiner Mutter befand sich noch in der gleichen Straße, in der wir wohnten. Das hatte Vor- und auch Nachteile. Günstig war die schnelle Erreichbarkeit, wenn man die Erlaubnis für irgendwelche Unternehmungen brauchte. So auch an dem bewußten Tag. Ich wollte unbedingt mit Klassenkameradinnen nach Warnemünde fahren. Als ich bei meiner Mutter landete, betrat gerade ihr Chef das Büro. Beide betrachteten mich wie eine Aussätzige. Warum? Natürlich wollte ich modisch gekleidet sein. Dreiviertelhosen waren der letzte Schrei. Woher nehmen? Wir bekamen keine West-

pakete. Kurzerhand schnitt ich meine einzigen grauen langen Hosen etwas über dem Knie ab, säumte sie liederlich und stand nun in den begehrten Beinkleidern vor den beiden biederen DDR-Bürgern. Zu allem Überfluß hatte ich mir die Fingernägel feuerrot lackiert. „Wie siehst du denn aus?" fragte die Mutter entgeistert. Der Chef verschwand kopfschüttelnd über so viel Westungeist in seinem Zimmer. Sicher wurde meine Mutter anschließend ermahnt, solche Entgleisungen bei ihrer Tochter künftig zu unterbinden. Ich durfte nicht nach Warnemünde fahren, mußte überfällige Hausarbeiten erledigen und haderte natürlich mit meinem Schicksal. Mit großen Schritten und hocherhobenem Kopf durchmaßen wir Freundinnen die Stadt, nannten uns mit Nachnahmen, wollten um jeden Preis nicht so sein wie die anderen Mädchen. Wir waren also fast ausschließlich auf uns konzentriert.

So verging das letzte Jahr der Grundschule. Natürlich stand fest, daß wir zur Oberschule wollten - Abitur ablegen - studieren, darüber gab es keinen Zweifel.

Meine Mutter schien nicht so begeistert von meinem Plan. Eine Berufsausbildung zur Sekretärin oder eine Lehre in ähnlicher

Richtung wäre eine solide Basis, um in absehbarer Zeit auf eigenen Füßen stehen zu können, gab sie zu bedenken.

„Niemals gehe ich in ein Büro!" reagierte ich trotzig und verwies auf meine guten Leistungen in der Schule:

„Betragen, häuslicher Fleiß und Mitarbeit waren sehr gut. Hannelore war Vertrauensschülerin und sehr selbständig im Denken und Handeln", stand in der allgemeinen Beurteilung. Nur in Körpererziehung und Zeichnen hatte ich eine „Drei", ansonsten nur „Einsen" und „Zweien". Das Gesamturteil über das Ergebnis der Abschlußprüfung lautete: „Sehr-gut-bestanden".

Das überzeugte, zumal auch die Klassenlehrerin meinen Wunsch unterstützte.

Meine Mutter gab die Einwilligung zum Besuch der Oberschule.

Mit diesem Erfolg in der Tasche machten die großen Ferien umso mehr spaß, auch wenn wir Freundinnen sie getrennt verleben mußten.

Während meine Mutter zur Erholung im Harz weilte, leistete ich mit meiner kleinen Tante meinen Beitrag an gesellschaftlich-nützlicher Arbeit als Helferin im Ferienlager an der Ostsee.

Dort erreichten mich im Juli 1952 folgende Zeilen von meiner aus Elend:

"Meine liebe Hanni, liebe Gretel!

....Dein nettes Bild habe ich erhalten und mich sehr gefreut... es ist niedlich... Deine andere Frisur war mädchenhafter... Nun seid Ihr also in Nienhagen. Hoffentlich macht es Euch Spaß und alles klappt gut. Ich bin schon schön braun. Im nächsten Jahr fahren wir zusammen in die Ferien.. Ich freue mich, daß Ihr gesund seid.... habe schon an alle geschrieben. Ihr Lieben, ich gehe jeden Tag ins Waldbad zum Schwimmen, danach ein schönes Mittagsschläfchen, anschließend Spaziergang in die Berge...
Ich war schon dreimal in Schierke im "Heine Hotel" zum Kaffeetrinken. Einfach elegant... Gestern Abend trat in Elend eine Pioniergruppe auf Prima!!! Wunderbare Harzer Lieder und Jodler...ein Geschwisterpärchen, ungefähr sechs Jahre alt sangen und jodelten sehr entzückend. Sie bekamen sehr viel Beifall... Da ich nun weiß, daß zu Hause alles in Ordnung ist, bin ich ein wenig ruhiger... Das Wetter ist prächtig...morgens beim Aufwachen sieht man die sonnigen Berge, die Bode rauscht dazu, das

ist schön.... Schafft Ihr auch alles mit den Kindern?.. Laßt Euch nicht unterkriegen!... Habt Ihr genug Geld gehabt?.. Jetzt braucht Ihr ja keines und habt gutes Essen... seid vorsichtig beim Baden!... Herzliche Grüße ....Mutti.

In Nienhagen träumte ich von Abitur und Studium, verzog mich so oft es ging in den Wald, sehnte das Ende der Ferien herbei...
Mit den Kindern kam ich gut zurecht, auch mit der anderen Ferienhelferin.
Täglich tummelten wir uns am Strand. Meine Tante als Leiterin konnte nicht schwimmen und reagierte äußerst gutmütig auf die Bitten der Kinder. Natürlich wollte die ausgelassenen Bande auch baden, wenn wir am Strand weilten. Da waren die Ermahnungen meiner Mutter schon angebracht. Eines Tages tollten die Kinder ausgelassen mit einem großen Wasserball, eine Rarität damals, im Sand. Im Eifer des Gefechtes spielten sie sich immer weiter in das Meer hinein. Plötzlich schlug ein starker Windzug den leichten Ball in das bewegte Meer. Er tanzte auf den Wellenspitzen und trieb, geschoben von ablandigem Wind, ins Meer hinaus. Die Kinder wollten den Verlust nicht hinneh-

men. Ein Junge sprang in das wellenbewegte Wasser und versuchte schwimmend den Ball zurückzuholen. Die anderen feuerten ihn an. Bald verließen den unsicheren Schwimmer die Kräfte. Ab und an tauchte sein Kopf auf. Die Entfernung zwischen Wasserball und Schwimmer vergrößerte sich, während den Jungen die Kräfte verließen. Meine Tante schrie verzweifelt, er solle zurückkommen. Alles war blitzschnell gegangen. Ohne zu zögern warf ich mich in das Wasser und schwamm dem Jungen hinterher. Es gelang mir in letzter Minute, ihn zu packen und an Land zu bringen.

Alle umringten mich. Der Waghalsige heulte, wurde in eine warme Decke gehüllt, die anderen setzten sich artig in den Sand und gehorchten aufs Wort. Der Schock saß allen in den Gliedern. Meiner Tante kam erst jetzt zu Bewußtsein, was hätte passieren können. Stolzgeschwellt nahm ich die Bewunderung als Retterin entgegen.

Mit der Kamera auf Entdeckung
Blick über die Dächer von der Wohnung in der St.-Georg-Str. 1952

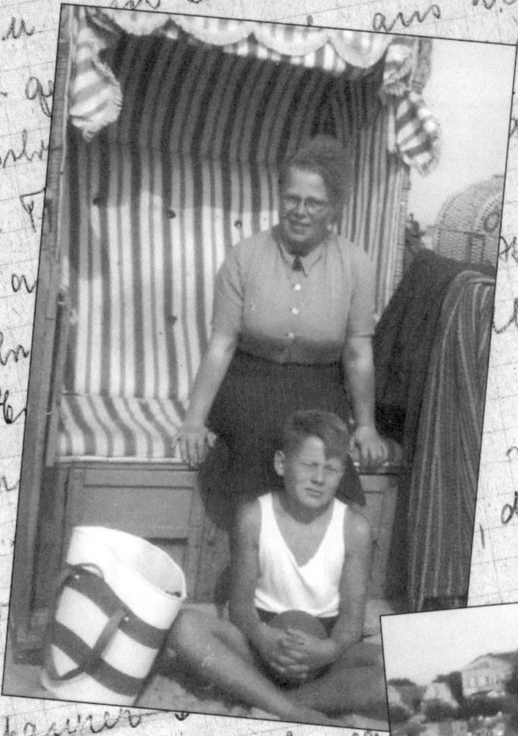

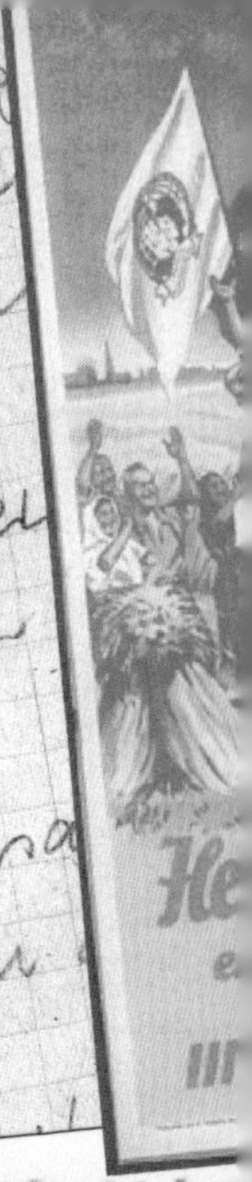

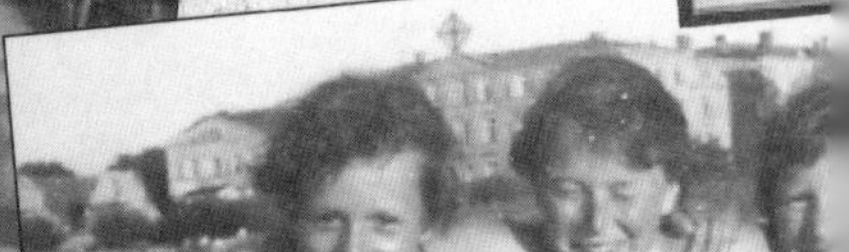

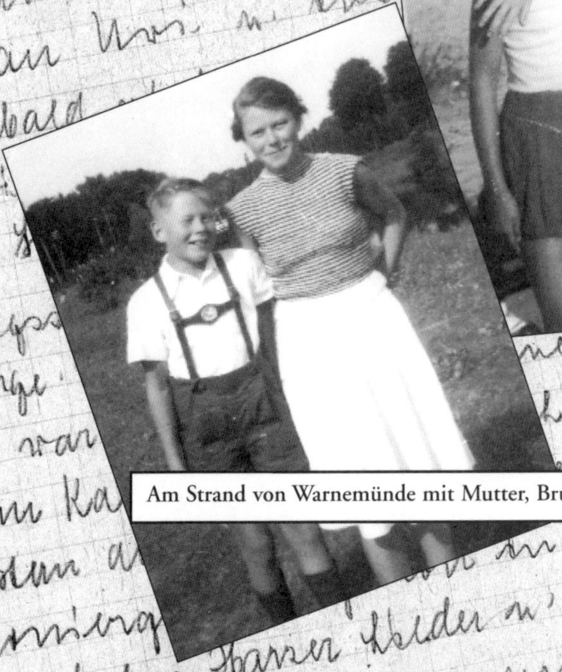

Am Strand von Warnemünde mit Mutter, Bruder und Kusinen

der Ernte,
rer Jugend
e an den
en in Berlin!
Postkarte
OSTSEEBAD
(KR. ROSTOCK)
14.8.51. – 9
a
12
DEUTSCHE
An
Hannelore Baars
Berlin-Wuhlheide
Pionierrepublik E. Thälm
Straße, Hausnummer, Gebä

Oberschulzeit

Endlich waren die Ferien vorbei! Skepsis und Vorfreude auf das Oberschulleben prägten die Gespräche mit der Freundin. Ich wagte nicht zu gestehen, daß auch Angst vor dem Unbekannten mit im Spiel war, stieß in das selbstbewußte Horn von ihr: Wir werden es den anderen schon zeigen!

Pünktlich erschienen wir am ersten September in der „Goethe-Oberschule", nahe dem Bahnhof, zur Einführungsveranstaltung in der Aula. Mit Aufruf erfuhren wir, daß ich in eine Klasse des neusprachlichen Zweiges eingeteilt und meine Freundin in eine Klasse für die naturwissenschaftliche Richtung in dieser Schule vorgesehen war.

Wir beide getrennt in die Oberschulzeit? Unvorstellbar!

Die Chance, das noch ändern zu können, verkündete gerade der Redner:

„Wer noch wechseln möchte, kann das sofort tun, denn im altsprachlichen Zweig sind noch Plätze frei."

Blickkontakt, kurzes Zunicken, schon waren wir auf dem Weg zur „Großen Stadtschule" am Wall. Man schickte uns in die Klasse IX C1.

Ein überraschend junger Klassenlehrer, Herr A., wies uns Plätze zu. Geschafft! Wieder eine reine Mädchenklasse. Macht nichts, Hauptsache, wir blieben zusammen.

Meiner Mutter konnte ich diesen Schritt nicht plausibel machen. Wozu brauchte ich Griechisch und Latein? Meine Begabungen lägen doch mehr in der erstgewählten Richtung. Englisch und Französisch könne ich später viel besser gebrauchen. Vielleicht Dolmetscherin werden!

Diese Einwände prallten von mir ab. Die Freude, gemeinsam mit der Freundin den neuen Lebensabschnitt beginnen zu können, überdeckte jede Logik.

Jeden Morgen trafen wir uns an einer Kreuzung, legten den letzten Teil des Schulweges gemeinsam zurück. Zu besprechen gab es viel. Neue Fächer, neue Lehrer, andere Klassenkameradinnen, höhere Anforderungen, die Jungen auf dem Schulhof...

Nun wurden wir endlich so behandelt, wie es uns zustand. Vom Du zum Sie in der Ansprache, endlich! Wir fühlten uns längst erwachsen. Wenn wir mit den ersten lateinischen oder griechischen Brocken um uns warfen, kannte unsere Selbstüberschätzung keine Grenzen.

„Marcus est rusticus romanus..." (Marcus ist ein römischer Bauer) begann das erste Kapitel im Lateinbuch. Den Satz vergaß ich bis heute nicht. Wie gerne verwendeten wir verächtlich die Bezeichnung „Plebs" für Leute, die wir nicht leiden konnten. „Amo te" klang doch viel gescheiter, als „ich liebe dich". Der altgediente Lateinlehrer, Herr D. mühte sich redlich, uns die alte Sprache und Geschichte der Römer nahe zu bringen. Da blieb auch einiges hängen. Immerhin so viel, daß ich in meinem späteren Beruf als MTA medizinische Ausdrücke in der Regel ableiten und erklären konnte.

Professor G. gab Griechisch. Mit Handzeichen sprachen wir die Vokabeln im Chor. Ein liebenswerter Lehrer. Wir sangen, wie fast alle seine Schüler, bei ihm im Kirchenchor mit. Nicht nur zu den Proben besuchten wir die Marienkirche. Meine Freundin und ich holten oft den Schlüssel für den Turm und spurteten die vielen Stufen nach oben. Ein atemberaubender Blick über die Stadt war der Lohn. Wir standen direkt unter der großen Glocke, erschraken furchtbar, als sie plötzlich zu läuten begann. Ganz einerlei war es uns nicht, als wir eines Tages für längere Zeit im Turm eingeschlossen waren. Trotzdem zog es uns in vielen großen Schulpausen immer wieder auf den Turm von Sankt Marien. Natürlich war es verboten, das Schulgelände zu verlassen. Das war doch gerade der besondere Kick! Ja, da oben fühlte ich mich frei und glücklich!

Weniger in dem allgemeinen Schulbetrieb. Womit sollte man sich hier identifizieren? Mit der FDJ-Organisation, die zum Kampf gegen die Junge Gemeinde angetreten war? Mein Gerechtigkeitssinn war auf Seiten der Kirchenjünger, die regelrecht gejagt wurden. Ihre glühenden Reden in der Aula imponierten mir. Wenn „Moskau", so wurde die FDJ-Sekretärin verächtlich genannt, mit irgendwelchen Pamphleten durch die Klassen lief, wirkte das eher peinlich. Andrerseits imponierte mir dieses kleine Mädchen, weil sie mit wenigen Gleichgesinnten gegen den Strom schwamm.

Mit einigen Lehrern war es nicht anders. Sie sprachen viel vom Aufbau des Sozialismus, von den Verpflichtungen der Oberschüler, die auf Kosten der Arbeiterklasse lernen dürfen und verschwanden bald in den Westen. Andere waren nur auf Neutralität bedacht, erfüllten ihre Pflicht mit Wissensvermittlung, blieben fremd und indifferent. Im Unterschied zur Grundschule fühlte ich mich von keinem Lehrer angenommen oder verstanden.

Fräulein M., die Deutschlehrerin, sprang wie ein grauer Gummiball durch die Klasse, schüttelte ihre grauen Korkenzieherlocken und schwärmte von Goethe und Schiller. Das alte Mädchen hatte bessere Zeiten gesehen und schien aus einer längst vergessenen Zeit aufgetaucht zu sein. So richtig ernst nehmen konnte man sie nicht. Ich mochte ihr Fach, gab mir Mühe, wurde jedoch nicht beachtet. Mein Interesse ließ nach, noch mehr nach folgendem Erlebnis:
Ein Aufsatz über „Kabale und Liebe" war angesagt. Ich besorgte mir von einem Schüler der oberen Klassen seinen Aufsatz zum gleichen Thema, für den er vor zwei Jahren eine „Eins" von Fräulein M. erhalten hatte, schrieb ihn wortwörtlich ab und bekam eine „Drei" dafür. Das Schlimmste war, ich konnte nichts gegen diese subjektive Diskriminierung tun. Die Strafe für mein Unrecht?

Herr I. war noch der beste. In seinem Kunsterziehungsunterricht durfte Marlene, die tatsächlich Pianistin wurde, Klavier spielen. Der Rest der Klasse versuchte Aquarellmalerei. Eine dunkelgrüne Flasche und ein Glas standen Model dafür. Schwieriger war Porträtzeichnen. Es herrschte eine ungezwungene Atmosphäre in seinem Unterricht. Unvergessen seine schauspielerische Einlage als Cäsar kurz vor der Ermordung. Herr I. schlug einen Vorhang um seinen schmächtigen Körper und hauchte mit erlöschendem Blick: „Auch du mein Sohn Brutus?" Wir lachten uns halbtot. Er stimmte bald mit ein. Widerstehen konnte er den vielen jungen Mädchen sowieso nicht. Das nutzten wir weidlich aus. Nicht nur einmal umgarnten wir ihn so intensiv, daß er schließlich nachgab und den Unterricht im Freien abhielt. Bei solcher Art Unterweisung schilderte er visionär die Auferstehung der Langen Straße als sozialistische Flaniermeile, als noch nicht aller Bombenschutt dort weggeräumt war. Wir glaubten ihm nicht. Er behielt recht, schien aus Überzeugung zu sprechen, ging später aber auch nach drüben.

Herr E., ein geschniegelter schwarzhaariger Frauentyp, unterrichtete Geschichte. Zwischen meiner Freundin und ihm knisterte es. Sie stritten viel, die Ebene Schüler - Lehrer wurde unterschwellig überschritten. Hier standen sich Mann und Frau gegenüber. Ich mochte ihn nicht, hatte Angst vor seinem messerscharfen Spott. In meiner Fantasie erschien er mit glänzenden Stiefeln und wippender Reitgerte, die Guten von den Bösen selektierend.

Der eifrige Junglehrer, Herr A., war der Mädchenbande am wenigsten gewachsen. Er war guten Willens, aber ihm fehlte das profunde Wissen. Eines Tages schrieb er <u>Proffessor</u> so an die Tafel. Ab sofort hatte er den Spitznamen „Professor mit zwei FF" weg. Wir provozierten und boykottierten ihn, wo wir nur konnten. Den letzten Rest gaben wir ihm mit unserem Streik. Ja, wir beschlossen irgendwann, am nächsten Tag dem Unterricht fernzubleiben. Aus welchem Anlaß ist mir entfallen. Alle machten mit. Die Klasse IXC1 erschien geschlossen nicht in der Schule, versammelte sich derweil im Wallgelände. Ein wenig plagte uns schon das schlechte Gewissen, als wir die Klasse danach wieder betraten. Eisige Mienen der Lehrer und des Direktors, Strafpredigten, die Frage nach den Anstiftern. Wir blieben stumm. Ein dummer Streich wurde zum politischen Staatsstreich hochstilisiert. Was ging in der Oberschule vor sich? Die undankbaren, vom Klassenfeind verseuchten, eingebildeten Schüler streikten. Das konnte nicht geduldet werden.

Kein Wunder, die Schüler dieser Klasse waren nicht in der FDJ. Schulverweis war die richtige Maßgabe. Blaue Briefe mit der Kritik der Arbeiterklasse an diesem defätistischen Verhalten wurden den Eltern zugeschickt. Ich fing ihn vorher ab. Das konnte ich meiner Mutter nicht antun. Leider war ein objektiver Meinungsaustausch zu aktuellen Problemen zwischen uns damals nicht möglich. Der fand bei meiner Freundin statt. Auch vom großer Bruder kamen mahnende Briefe:

Januar 1953

„...Was ich befürchtet habe ist eingetreten. Du bist nicht in der FDJ... Du bist noch jung und der Einfluß in der Oberschule wird nicht gerade der beste sein. In einem Betrieb weiß ich, daß Du schon längst eine Funktion innerhalb der FDJ hättest......Du darfst jetzt nicht denken, daß Dich jemand zwingen will, der FDJ

beizutreten. Soviel überlegen kannst Du schon. Ich denke, Du wirst den richtigen Weg finden. Ich darf aber nicht nach Hause kommen und Du bist unter die Betbrüder gegangen, die gerade auf Oberschulen ihre Polypenarme ausstrecken, aber nicht des Glaubens willen, sondern, um unsere Ordnung in der DDR zu sabotieren. Das ist meine Meinung dazu... "

Wir durften, dank der Intervention einiger Eltern, die Oberschule weiter besuchen, aber in die FDJ würden doch nach diesem Eklat wohl alle eintreten!? Ich wurde am 21. April 1953 Mitglied der sozialistischen Jugendorganisation.

Im Mai 1953 bekam ich wieder Post vom Großen:

„Meine liebe Hanni!

In weiser Voraussicht will ich schon heute meiner holden Schwester die herzlichsten Geburtstagsgrüße übermitteln. Laß Dir in Gedanken einen brüderlichen Kuß aufs Schnäuzchen drücken... Laß Dir den Geburtstagskuchen im Kreise Deiner Kaffeekränzchenanhänger recht gut schmecken.....Ich wünsche Dir ein gesundes

erfolgreiches weiteres Lernjahr mit guten Noten in Prüfungen 11111111!...
Wie ich vernommen habe, bist Du jetzt FDJ-Mitglied. Schön und gut, aber nur Mitgliedsbuch und Beiträge nützen unserem Verband sehr wenig. Wie arbeitet denn die FDJ-Organisation Eurer Oberschule? Schreib mir bitte über Eure Arbeit, sehr wahrscheinlich kann ich Dir einige Ratschläge geben, die Dir helfen werden. Sicher ist auch bei Euch noch nicht alles so, wie es sein soll. Also schreibe. Zum Schluß möchte ich mit dem Wunsch schließen, daß Du eine FDJ-lerin wirst, die sich überall sehen lassen kann......Herzliche Grüße Dein Bruder..."

Die guten Ratschläge schlug ich in den Wind. Über die FDJ wollte ich mich gar nicht definieren. Ich blieb zahlendes Mitglied und stand weiter zwischen den Stühlen. Hin- und Hergerissen zwischen realer Einschätzung meiner Lebenslage und dem Dazugehörenwollen erlebte ich die Oberschule sehr zwiespältig. In unsere Klasse gingen überwiegend die Töchter von alteingesessenen Ärzten, Professoren, Kirchenoberen und Kaufleuten, ein kleiner Teil Flüchtlingskinder sowie wenige Kinder von Arbeitern und Angestellten. Laut sozialer Einstufung gehörte ich zu letzteren Gruppe, deren Mitglieder schnell als Rote abgetan wurden. Das wollte ich auf gar keinen Fall sein. Dazu geschahen unter dem Deckmantel des roten Fortschrittes zu viele Dinge an der Schule, die ich nicht gutheißen konnte. Auf der anderen Seite fand ich die Arroganz mancher „höheren Tochter" unerträglich und schlug mich ideell auf die Seite der „Fortschrittlichen", war aber zu feige, offen meine Meinung zu vertreten.

Den Höhepunkt der Heuchelei stellten in meinen Augen die angeordneten Trauerfeiern für STALIN dar. Wir versammelten uns in der Aula. Von draußen drangen unaufhörlich dumpfe Musikfetzen vom Trauermarsch und Trommelwirbel herein. Schweigeminute. Nur mühsam verbissen wir uns das Lachen. Das einfache Gehorchen und Übernehmen entsprach nicht unserer kritischen Jugendlichkeit.

Schülerausweis der Oberschule 1952, Eintritt in die FDJ 1953

Mit der Freundin auf Wandertour (oben)
Beim Schulausflug nach Plau am See (unten)
Die Katholische Kirche am Schröderplatz in Rostock vor der Sprengung

Tanzstunde

In der zehnten Klasse bekamen wir eine neue Klassenlehrerin. Unnahbar-kühl übernahm sie die Regie. Sie unterrichtete meines Wissens Mathematik und Biologie. Souverän im Auftreten hielt sie die Klasse in Schach. Ihre von Oben-Herab-Art gefiel mir nicht. Sie schaute einfach über die hinweg, die sie nicht mochte. Ich gehörte zu den Nichtbeachteten. Wenn man wollte, konnte man viel bei ihr lernen.

Ich kopierte auch hierbei meine Freundin, die gerade in naturwissenschaftlichen Fächern begabt war, in kurzer Zeit ihre Hausaufgaben gelöst hatte und auch in Klassenarbeiten gut abschnitt. Mir fiel das nicht so zu. Ich hätte intensiver büffeln müssen, wollte aber genauso viel Freizeit haben, wie die Freundin. Also ließ ich Schule, Schule sein und verbrachte die Freizeit mit und bei ihr. Eines Tages ließ Frau S. überraschend eine Mathe-Arbeit schreiben. Ich hatte keine Ahnung, schrieb alles von meiner Freundin ab. Sie hatte ungewöhnliche Lösungswege gesucht und war auf ihre Weise zu richtigen Ergebnissen gekommen. Mir traute die Lehrerin mit Recht natürlich so ein Können nicht zu. Bei der Heftrückgabe bezichtigte sie mich mit eisigem Hohn des Betruges. Ich bestritt das, wurde an die Tafel zitiert und mußte vorrechnen. Sie konnte mir nicht beweisen, daß ich abgeschrieben hatte. Sie brach das Vorrechnen entnervt, jedoch nicht überzeugt, ab. Wenn sie gewußt hätte, daß ich keinen Schritt weiter gekommen wäre, denn nur bis zu diesem Punkt hatte ich mir die eigenwilligen Lösungswege von der Freundin erklären lassen.

Natürlich wurden besonders die neuen Mädchen von den Jungen der höheren Klassen begutachtet und umgekehrt. Vorsichtige Kontaktaufnahme von beiden Seiten war angesagt. Die Möglichkeiten, miteinander etwas zu unternehmen, waren sehr eingeschränkt. Da gab es den Theaterring, in den wir sofort eintraten. Unverfänglich konnte man in den Pausen mit den Jungen ins Gespräch kommen. Das Wichtigste war, man wurde gesehen. Deshalb nahmen Diskussionen zu der Frage: Was ziehe ich an?, einen breiten Raum ein. Ich konnte mit den Töchtern aus gutem Hause nicht mithalten, die aus dem Westen Kleidung nach letztem modischen Schrei bekamen.

Meine Freundin erhielt wenigstens ab und an Stoffe von drüben aus denen eine geübte Schneiderin analog Garderobe anfertigte. Meine Mutter tat was sie konnte, um mich annähernd auszustaffieren, fast immer noch nach der Methode, aus „Alt mach Neu". Für mich 16-jährige nähte sie das erste Kleidungsstück aus neuem Stoff, einen hochmodernen braun-beigen ausgestellten Mantel mit aufgestelltem Kragen. Das bereitete ihr eine schlaflose Nacht, weil sie sich beim Zuschneiden vertan hatte und das bei dem kostbaren neuen Stoff! Er gelang trotzdem. Ich liebte diesen Mantel, schleppte ihn jahrelang und trug ihn auch noch auf eine enge Schnittform geändert.

Am Markt standen in der Auslage des Schuhgeschäftes ein Paar dunkelbraune Wildlederschuhe, die seitlich zu schnüren waren. Die wünschte ich mir zu Weihnachten, hatte aber nicht bedacht, daß sie mit Leder besohlt waren. Da ich nur dieses Paar besaß, schlitterte ich auf glatten Sohlen durch den Winter. Lange Strümpfe, teuer und knapp, lehnten wir ab. So liefen wir auch bei größter Kälte mit weißen Söckchen ins Theater.

Das Volkstheater Rostock lag ziemlich weit entfernt von unserem Zuhause, wie schön! Der Nachhauseweg war das eigentlich Wichtige, wenn „Verehrer" dazu kamen. Je länger, desto besser. Ab und an zogen einige Pärchen ihre eigenen Kreise. Ein ungeschriebenes Gesetz zwischen uns Freundinnen: Jede amüsiert sich ohne Rücksicht auf die andere. Berichtet wird später.
Ich fühlte mich meiner umschwärmten Freundin nicht ebenbürtig, tat aber so und wirkte unnahbarer, als ich wollte.
Plötzlich kam in der Klasse der Wunsch auf, die Tanzstunde zu besuchen. Endlich eine Gelegenheit, gesellig mit Jungen verkehren zu können.
Meine Mutter hatte Bedenken wegen der Unkosten, wollte mir aber den Wunsch nicht abschlagen, da alle aus der Klasse mitmachten.
Mit verhaltenem Vergnügen sahen wir der ersten Tanzstunde entgegen.
Trudl Verne-Sussek empfing uns mit Temperament und vielen Anstandsregeln für den Umgang mit dem anderen Geschlecht. Auf der einen Seite saßen die Jungen, fein angezogen mit Schlips und Kragen, gegenüber hatten die Mädchen Platz genommen.

Verschämtes Beäugen und die Angst, keinen Tänzer abzubekommen, wenn das Üben losging. Die kleine mollige Tanzlehrerin sprang zwischen den Reihen hin und her, blieb plötzlich vor uns stehen und verlangte, daß wir zum nächsten Mal auch mit langen Damenstrümpfen erscheinen sollten. Und dann ging das Geschiebe und eckige Bewegen im Rythmus der abgeleierten Klavierklänge los. „Rechts-Seit-Rechts-Seit-Rechts" und „das Ganze noch mal von vorne" und „die Herren engagieren die Damen" und „nicht so wild" und „geleiten sie ihre Dame auf den Platz" und „nicht immer mit der gleichen Dame tanzen"...

Mutter schenkte mir ein Paar Nylons mit dicker kohlrabenschwarzer Naht. Sie hatten 23 Mark gekostet, ein Vermögen. Die Art der Befestigung am Strumpfhaltergürtel war scheußlich. Angezogen wurden die kostbaren Dinger mit Handschuhen, damit ja kein Maschenschaden entstand und dann trampelte ein Tänzer mir so auf die Füße, daß die Strümpfe weggeworfen werden mußten. Ich traute mich kaum nach Hause.

Wir behandelten die gleichaltrigen Schulkameraden, diese grünen Jungs, ziemlich schlecht. Tanzen mußten wir notgedrungen mit ihnen, aber nach Hause brachten uns Freunde aus der elften oder zwölften Klasse.

Der Zwischenball fand zur Halbzeit statt. Mutter setzte sich in letzter Minute an die Nähmaschine. Aus pflaumenblauer schwerer Seide entstand ein in breite Falten gelegter dreiviertellanger Rock mit breiter Taille, dazu eine altrosa weit ausgeschnittene Bluse aus Mutters Bestand, schwarze Kunstledersandaletten und die ungeliebten Nylons. Die Tanzerei gelang schon besser, aber die Jungen wirkten immer noch sehr ungelenk. Zur Feier des Tages tranken wir ein Gläschen Wein und waren sehr vergnügt.

Viel zu schnell kam der Tag des Abschlußballes im Januar 1954 heran. Kaum hatten wir den Tango mit Wiegeschritt verdaut, sollte für die Polonaise geübt werden. Jede Dame nahm ihre Tanzkarte in Empfang, dort sollten sich die Partner für die einzelnen Tänze eintragen. Klaus Peter F. besiegelte mit Unterschrift, daß er mein Tanzstundenherr sein und mit mir den Wiener Walzer, die Polka und die Kreuzpolka tanzen wolle. Jetzt rächte sich der Hochmut gegen unsere Tänzer. Sie beeilten sich nicht sehr, unsere Tanzkarten zu füllen. Sie ließen uns lange zappeln. Welche Blamage, wenn Tänze offenblieben! Schließlich standen auch die Tänzer für Marschtanz, Foxtrott, Langsamen Walzer, Tango und Rheinländer fest.

Das lange Kleid aus gelblicher Honanseide mit plissierten Abschlüssen an Ausschnitt und Saum war übergestreift. Die Untermieterin schlang mir ein keusches Samtband mit einem Anhänger aus Porzellan um den Hals, ehe ich mich dagegen wehren konnte. Da klingelte es. Mein Tanzstundenherr erstarrte vor Ehrfurcht, so fremd wirkte ich in dem festlichen langen Kleid. Artig überreichte er sein Blumensträußchen. Der kleine Brüder lachte albern. Unten wartete das Taxi. Bloß weg! Aufgeregt gackerten die Mädchen in einer Ecke des Saales. Die Jungen rotteten sich in der anderen zusammen. Keiner wußte so recht, wie er sich benehmen sollte. Dann das endlose Auf- und Umstellen für den Fotografen. Alle setzten sich nach der Prozedur erleichtert auf ihren Platz. Wie abgesprochen brachten wir Mädchen Kuchen und belegte Brötchen mit, die Jungen sorgten für Getränke. „Bitte, langt doch zu", überhörten unsere Tischherren erst mal zurückhaltend. Inzwischen hatten die Eltern ihre Plätze ein-

genommen und sahen stolz auf ihre geschmückten Kinder.
An dem Abend gelang sogar der tiefe Knicks. Die Polonaise ging ohne Fehler über die Bühne. Die Verkrampfung löste sich, wir tanzten lockerer. Erstaunt nahmen wir zur Kenntnis, daß die Zuschauer sich bei unserem Tangotanz das Lachen nicht verkneifen konnten. Wir gaben uns solche Mühe! Wahrscheinlich wirkten unsere Verrenkungen beim Wiegeschritt mehr eckig als geschmeidig, schon gar nicht erotisch wie es dieser Tanz forderte.

Die Pflicht war geschafft, nun konnte die Kür beginnen. Brav forderten die Herren die Mütter ihrer Damen zum Pflichttanz auf. Der allgemeine Tanz begann. Unsere Herren hatten bis dahin nur ein Anstandshäppchen von dem Kuchen und den belegten Brötchen verspeist. Jeder amüsierte sich auf seine Weise. Wir tanzten nur noch in dem kleinen Tanzraum nach heißen Boggie-Woggie-Klängen mit unseren eigentlichen Freunden und wurden im großen Saal nicht mehr gesehen. Unsere Herren verputzten alles Eß- und Trinkbare und stürzten sich ebenso ins Vergnügen.

In der Faschingszeit lud Trudl Verne-Sussek alle ehemaligen Schüler zum Maskenball in das Gesellschaftshaus „Mau-Mau" ein. Wir waren dabei. Nun gehörten wir dazu!
Ich registrierte mit wachsendem Selbstwertgefühl, daß ich auch ohne die Freundin wahrgenommen wurde. Man lud mich allein zu Klassenfesten ein. Der erste Kuß vor der Haustür, welch Seligkeit. Ich wurde gemocht, geliebt!
Langsam trat ich aus dem Schatten der Freundin...

Abschlußball der Tanzstunde 1954

Fast die ganze Klasse nahm daran teil

Der Entschluß

Während ich so manches Mal auf „Wolke sieben" schwebte, spitzte sich die häusliche Lage in bedrückender Weise zu.
Der Gesundheitszustand des kleinen Bruders entwickelte sich in beängstigender Weise zum Negativen. Schwere Asthmaanfälle quälten ihn immer öfter. Er konnte kaum noch die Schule besuchen. Verzweifelt war Mutter bemüht, Möglichkeiten der Heilung für ihn zu finden. Er wurde vielen Ärzten vorgestellt.
Der Kenntnisstand zu allergischen Erkrankungen und Asthma war in den fünfziger Jahren nicht mit dem heutigen zu vergleichen. Jeder Arzt gab andere Ratschläge. Andere Luftverhältnisse könnten vielleicht Linderung bringen. In Potsdam sollte die beste Luft für Asthmakranke sein. Also erwogen wir einen Umzug dorthin. Dann wieder wurde ein Aufenthalt in Höhenluft vorgeschlagen, am besten mit dem Flugzeug in die Lüfte. Der große Bruder machte das schier Unmögliche möglich. Er war inzwischen als Pilot bei der NVA (Nationale Volksarmee) tätig und schaffte es, mit dem Bruder zu fliegen. Der Kleine wurde immer

wieder zur Kur geschickt, z.B. nach Bad Salzelmen und Bad Kösen. Nichts brachte den Durchbruch. Uwe hustete, röchelte und schnupfte vor sich hin und sagte schon als kleiner Junge: „Ich glaube, ich werde nicht alt"... Er konnte nicht mehr alleine bleiben. Meine Mutter kündigte ihrer Arbeitsstelle und war nun für den Kleinen zu Hause.
Das tat ihm psychisch gut, änderte aber nichts an seinem Gesamtzustand.
So langsam kristallisierte sich heraus, daß Uwe am liebsten wieder nach Schwerin zurückziehen wollte. Probeweise weilten Mutter und Bruder längere Zeit in Schwerin. Die Verantwortung für den Haushalt in Rostock übernahm ich. Besorgte Briefe kamen von der Mutter:

März 1954

„ ...Vergiß nicht den Zucker zu holen! Wenn Du noch Marken übrig hast, schicke sie sofort hierher... hol das Geld von der Werft ab.....gehe sofort... stell Dich beim Geld holen nicht so doof an und schließe es gleich weg...
Wie geht es sonst zu Hause? Alles in Ordnung? Auch die Schule? Hanni, lerne gut und pass' gut auf und mache keine Dummheiten!.. Mache auch jeden zweiten Tag die Treppe..."

Juli 1954

"...Bin mit Uwi gut hier angekommen. Es geht ihm tatsächlich schon besser. Heute waren Tante Klara, Uwe und ich bei dem berühmten Wunderdoktor Vick. Er hat tatsächlich die richtige Diagnose gestellt. Er sagt, daß Höhenluft gut ist, aber er würde vorschlagen, ihm erstmal zwei verschiedene Sorten Tee zu geben... Übrigens komme ich Ende der Woche wieder... Uwe werde ich noch hier lassen..."

Mutter nähte für Bekannte und Verwandte, um uns über Wasser zu halten. Viel zu bescheiden nahm sie, wenn es hoch kam, zwanzig Mark für ein Kleid nach kompliziertem Schnitt, dazu kamen die mageren Halbwaisenrenten und die Unterstützung des großen Bruders. Zum Leben zuwenig, zum Sterben zuviel, auf den Zustand waren wir nun wieder zurückgefallen. Mir ließ das keine Ruhe. Hatte ich nicht auch die Verantwortung, meinen Teil zur Besserung beizutragen? Konnte ich noch ruhig auf der Oberschulbank sitzen und nichts tun?
Bei der Übergabe des Zeugnisses „Der Mittleren Reife" im Juli 1954 eröffnete ich überraschend für alle, auch die Freundin war

nicht eingeweiht, meinen Entschluß, von der Oberschule abzugehen. Mühsam hielt ich die Tränen zurück. „Was wollen sie denn jetzt machen?" fragte die Klassenlehrerin. „Geld verdienen", antwortete ich kühl. Auch meine Mutter stellte ich vor vollendete Tatsachen und berichtete ihr, daß ich demnächst als Bürohilfe in der VEAB (Volkseigener Erfassungs- und Aufkaufbetrieb für landwirtschaftliche Erzeugnisse) Rostock anfangen und zum Haushalt beisteuern würde.

Ich mußte ganz alleine festlegen, wie ich meinen Weg weitergehen wollte.
Eines wußte ich genau, Ratschlägen jeder Art würde ich von nun an sehr kritisch gegenüber stehen.
Schließlich war ich angehalten, schon früh in der Kindheit selbständige Entscheidungen zu treffen - das brachten die Zeitumstände mit sich.
Das eigentliche Erwachsensein hatte mit diesem Entschluß begonnen.
Das Leben stellte mich vor viele Prüfungen und Probleme.
Die Erfahrungen der Kinderzeit haben geholfen, sie zu bestehen.

Inhaltsverzeichnis

	Seite
Vorfahren	9
Wenn ich einmal reich wär!	23
Geboren 1937 in Schwerin	33
Das Kinderhaus - Fritz-Reuter-Straße 44	43
Mitbewohner - Nachbarn	57
Endlich in der Schule	73
Die Nachricht	81
Fliegeralarm	87
Die Russen kommen	103
Das Leben muß weitergehen	117
Der Onkel in Amerika	123
Friedensweihnacht - Schnucki	141
Kälte - Hunger - Angst	157
Typhus	165
Du kriegst gleich einen Katzenkopf	175
Unvergeßliche Ferien in Boltenhagen	189
Traum von der Hausmusik	199
Die Lebenslage 1948 - so kann es nicht weitergehen	207
Verschickt nach Zingst	223
Bücher meine besten Freunde	235
Die neue Landeshauptstadt Schwerin	243
Neubeginn in Rostock	253
Im Namen des Volkes - das Schicksal einer Tante	265
Entdeckungen	279
Oberschulzeit	299
Tanzstunde	313
Der Entschluß	325

*Hannelore Drechsler,
Mädchenname Baarß,
geboren 1937 in Schwerin,
verheiratet, ein Sohn, zwei Töchter,
sechs Enkelkinder.*

*Beruf: Medizinisch-Technische-Assistentin.
Lebte und arbeitete in Schwerin, Rostock,
Greiz, Köthen, Hoyerswerda und Berlin,
wohnt jetzt in Rostock-Warnemünde*

Veröffentlichungen

1997: „Mamatschi schenk mir ein Pferdchen", eine authentische Familiengeschichte

2000: „Vom Unland zum blühenden Erholungsgebiet", Chronik einer Bungalowsiedlung

2000: „Und plötzlich war alles ganz anders", Beiträge für eine Zeitzeugenbroschüre des Seniorenbüros Schwerin

2002: „Werte, Wunsch und Wirklichkeit". Beiträge für eine Anthologie des Freien Deutschen Autorenverbandes Mecklenburg-Vorpommerns

2005: „Westkontakte - 15 Jahre danach", Episoden und Erlebnisse aus der Wendezeit

seit 1997 bis jetzt gibt es diverse Veröffentlichungen in Magazinen und Zeitschriften („Agile Senioren" - Schwerin, „Einblicke" - Boltenhagen, „Wortspiegel" - Berlin, „Naturbote"- Mecklenburg-Vorpommern)